Dr. Dieter Seefeldt

Wenn der Körper warnt

Gesundheitsrisiken erkennen und richtig bewerten

SÜDWEST

Inhalt

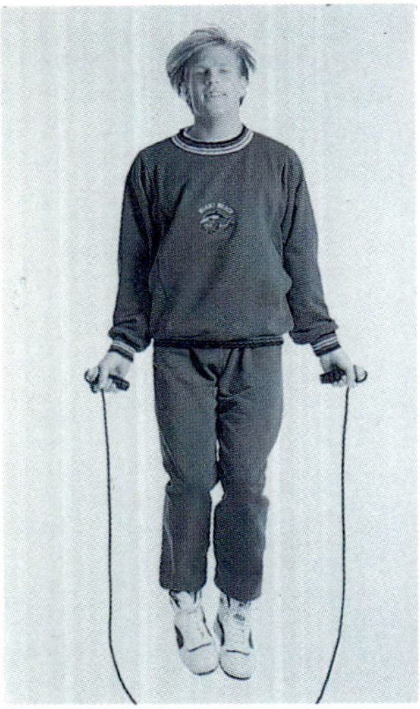

Vorwort

Als eine über jede ärztliche Vorschrift erhobene Weisheit bezeichnete der englische Staatsmann und Philosoph Francis Bacon schon 1597 die Erkenntnis, „daß die eigene Beobachtung dessen, was einem dienlich und was schädlich sei, die beste Arznei zur Erhaltung der Gesundheit ist".

Gesundheit? Was ist das?

Ein Mensch ist gesund, wenn er sich in zwei Gleichgewichten befindet. Dazu gehören die innere Harmonie und ein ausgewogenes Verhältnis zur Umwelt.

Dieser erstrebenswerte Zustand läßt sich noch immer schlechter erklären als der der Krankheit. Nach der gültigen Definition der Weltgesundheitsorganisation (WHO) versteht man unter Gesundheit nicht nur das Freisein von Krankheiten, sondern darüber hinaus physisches, psychisches und soziales Wohlbefinden. Ich frage Sie, wer von Ihnen, wer von uns wäre nach dieser Definition jemals gesund gewesen, und das noch über längere Zeit? Dieser Erklärungsversuch ist gewiß wenig hilfreich. Ich benutze seit Jahrzehnten eine andere Begriffsbestimmung, über die ich mich auch mit Ihnen verständigen möchte. Danach ist ein Mensch gesund, wenn er sich in zwei Gleichgewichten befindet: Das eine Gleichgewicht ist die sogenannte Homöostase, das innere Gleichgewicht, die Harmonie, die Abstimmung der Körperprozesse. Das zweite Gleichgewicht betrifft die Beziehung zur belebten und/oder unbelebten Umwelt. Nun wissen wir aus der Physik, daß Gleichgewichte unterschiedliche Zustände, unterschiedliche Qualitäten haben. Sie können labil, stabil oder indifferent sein. Ein gesunder Mensch würde sich demnach in zwei stabilen Gleichgewichten befinden. Krankheiten wären dann als Störungen dieses Gleichgewichtes zu verstehen, in unterschiedlichen Schweregraden und Etappen, von Befindlichkeitsstörungen bzw. Funktionsstörungen über leichtere zu schwereren Leiden. Es läßt sich nun manches tun, um aus dem mehr labilen Zustand wieder in einen mehr stabilen zu kommen. Und vieles kann man selber tun! Darum geht es in diesem kleinen Buch: um den eigenen Anteil, die Verantwortung, aber auch die Möglichkeiten, die jeder von uns an seiner Gesundheit hat. Und noch etwas: Nach dem Wort des großen Klinikers und Internisten Volhard haben die Götter vor die Therapie die Diagnose gestellt. Und darum geht es hier auch: Wie können wir, jeder für sich, krankmachende Einflüsse besser erkennen, bewerten und verstehen mit dem Ziel, sie soweit wie irgend möglich zurückzudrängen?

Die Besinnung auf den eigenen Körper läßt uns viele Krankheitszeichen rechtzeitig erkennen.

Sich in der Selbstwahrnehmung schulen

Es ist im täglichen Leben kaum möglich, aufwendige elektronische Apparate mit sich herumzuschleppen, um Rückmeldungen über die eigene Befindlichkeit zu bekommen. Das ist auch gar nicht erforderlich. Wir können den eigenen Körper als Indikator benutzen. Hören wir auf seine Signale, seien wir offen für unsere Empfindungen. Dazu ist es vor allem wichtig, sich in der Selbstbeobachtung zu schulen. Allerdings: Nicht ängstliches In-sich-Hineinhören ist hier gemeint, sondern sachliches und zum Teil distanziertes Registrieren körperlicher Vorgänge. Zum Beispiel: Gerunzelte Stirn, angespannter Kopf, trockener Mund oder zuviel Mundflüssigkeit, Ohrgeräusche, Taubheitsgefühle, Schmerzen am Kopf, im Nacken oder in den Extremitäten, am Bauch; Luftnot, unregelmäßiger Herzschlag, Stuhl- oder Harndrang, chronisch kalte Füße usw.

Die Symptome verstehen

Das bloße Registrieren körperlicher Signale reicht nicht aus. Auch psychische Eindrücke gehören dazu, wenn man die Symptome verstehen will.

Doch das bloße Registrieren der körperlichen Signale reicht nicht aus. Auch die körperlichen Wirkungen psychischer Eindrücke gehören dazu. Wir wissen doch: Im Ansturm starker Gefühle „bleibt einem die Luft weg." Ein Krimi ist „atemberaubend". „Es drückt einem das Herz ab." „Ärger schlägt auf den Magen." „Die Galle läuft über" usw.
Daß die Haut ein wichtiges Organ für den Ausdruck von Emotionen ist, dürfte allgemein bekannt sein. Die einleuchtendsten Beispiele sind das Erröten bei Scham, das Zucken als Zeichen von Ungeduld und konflikthafter Spannung, veränderte Schweißsekretion bei Angstgefühlen, Gänsehaut und Haarsträuben als ein besonderes Echo auf Emotionen. Psychosomatische Reaktionen auf äußere Eindrücke werden aber auch durch andere Sinnesorgane ausgelöst. Beim Anblick appetitlicher Speisen

läuft einem das Wasser im Munde zusammen. Ein schrilles Geräusch „geht einem durch Mark und Bein". Redensarten wie „mir schnürt es die Kehle zu", „mir bleibt der Bissen im Halse stecken" werden benutzt, um Erschrecken oder Furcht auszudrücken. So werden im täglichen Leben Einzelheiten der Körperfunktionen als Ausdruck verwendet und von jedermann verstanden.

Diese allgemeingültigen und ständig zu nutzenden Wege sollten auch wir beschreiten, auch um uns in einem problematischen Kontakt mit der Umwelt zu beobachten. Wenn z. B. der Magendruck wieder auftritt, sollte man sich fragen:

- Was war da vorhin?
- Habe ich mich geärgert und wagte ich nicht, dies zu äußern?
- Habe ich wieder alles in mich hineingefressen?
- Oder: Was steht bevor?
- Ist da nicht anschließend ein Termin beim Abteilungsleiter, zu dem ich mit etwas Ungewißheit und Bangen gehe?

Alle körperlichen Symptome, insbesondere an den uns bekannten Schwachstellen, über die wir gewöhnlich Spannungen abreagieren, gilt es, im Zusammenhang mit der auslösenden Ursache zu betrachten. Wenn man die Ursache wahrnimmt, ist Wichtiges bereits getan. Eine erkannte Gefahr kann leichter bewältigt werden.

Wer seine Gefühle ständig verbergen will, wer Ärger immer nur in sich hineinfrißt, kann leicht seinen inneren Ratgeber überhören.

Der innere Ratgeber

Wer Ärger immer in sich hineinfrißt, schadet sich bekanntlich selbst. Die nicht eingestandenen und schon gar nicht geäußerten Gefühle melden sich dann über den Körper. Aber, obwohl das jeder weiß, trennen viele ihr „Ich" und „mein Körper" strikt voneinander. Sie reden über den Körper wie über einen Gegenstand ihres Hauses. Nach Erfahrung der Psychotherapie kann man davon ausgehen, daß wir einen inneren Ratgeber in uns haben, der weiß, was für uns gut ist. Wichtig ist es, diesen Ratgeber auf die Sendezentrale unbewußter Weisheit einzustellen. Dann erhalten wir Rückmeldungen in Form von Träumen, Stimmungen und Körperhaltungen bzw. -äußerungen. Wer im Einklang mit sich selbst leben will, muß mit dieser Instanz in Kontakt kommen. Der Körper ist dazu wichtig. Wenn ich klar mit mir, mit meinem Körper bin, kann ich auch klarer für andere sein.

Vielleicht stellen Sie sich dazu einmal die folgenden Fragen:

- Wie ist das mit der eigenen Selbstwahrnehmung?
- Registriere ich eigentlich die Signale meines Körpers?
- Bin ich fähig, aktuelle Körperstörungen zu erkennen und im Zusammenhang mit äußeren Belastungen zu sehen?
- Bemühe ich mich, die Körperfühlsphäre zu erweitern, höre ich, wenigstens manchmal auf meinen inneren Ratgeber?

Je öfter Sie mit Ja antworten können, desto besser sind Sie in der Selbstwahrnehmung geschult. Sollte Ihre ehrliche Antwort aber eher Nein sein, dann wird es Zeit für Sie, sich mehr um den eigenen Körper zu kümmern.

Die Grundfunktionen kontrollieren

In der Hektik des Alltags ist es gut, einmal innezuhalten und sich auf die Körperfühlsphäre zu konzentrieren.

Beinahe jeder zweite Mensch hat hierzulande einen gestörten Schlaf. Wie häufig Stuhlverstopfung oder Durchfälle sind, erfahren meistens nur die Ärzte. Chronisch kalte Füße werden oft schon nicht mehr registriert. Zungenbelag und Mundgeruch scheinen für viele unvermeidlich zu sein. Daß wir einfach alle falsch atmen, wird kaum noch jemandem bewußt. Was wird getan, wenn diese Erscheinungen uns belästigen, sich zu Krankheitszeichen, zu Erkrankungen ausweiten?
Sprechen wir es offen aus: Es wird behandelt, fast immer einseitig, oft falsch, sehr häufig mit Medikamenten, die fatale Nebenwirkungen haben, anstatt sich um die Wurzel des Übels zu kümmern, die Ursache(n) zu erkennen, einzugrenzen, zu korrigieren. Was aber könnte man, sollte man tun ?

Das Wohlbefinden kann man steuern

Die körperlichen Grundfunktionen kann jeder von uns sehr wohl beeinflussen. Wer kann uns beispielsweise hindern, tief durchzuatmen oder gründlich zu kauen? Grundfunktionen enden in bestimmten Leistungen, also z. B. in der Atmung, geordnetem Wärmehaushalt, tiefem Schlaf, geformtem Stuhl, schmerzfreier Menstruation oder der Wohltemperiertheit unserer Haut. Sie gehen mit Gefühlen des Wohlbefindens einher, wie Sättigung oder wohliger Wärme. Ihre Störungen sind von vielfältigen Mißempfindungen begleitet, wie Reizbarkeit, Mißmutigkeit, Unzufrie-

Oft ist man müde und abgespannt, weil die vegetativen Funktionskreise gestört sind.

denheit, innerer Unruhe, Abgespanntheit, Schmerz. Die positive Beeinflussung der körperlichen Grundfunktionen betrifft meist ganz alltägliche Verrichtungen oder Verhaltensweisen, die eigentlich jeder ohne weiteres erlernen kann.
Lernen Sie also Ihren Körper wirklich verstehen, indem Sie Ihre vegetativen Funktionskreise bewußt steuern und unter Kontrolle halten.

Nehmen wir ein Beispiel: Für einen tiefen, gesunden Schlaf sind Verhaltensweisen erforderlich, die über einen Tag oder sogar über mehrere Tage reichen, wie rhythmisches Gleichmaß der Lebensführung, Vermeiden von Reizüberflutung usw.
Außerdem weiß jeder, daß der erholsame Schlaf auch noch von anderen Voraussetzungen abhängt: dem Schlafzeremoniell, dem gewohnten Bett, dem Grad der Ermüdung oder von Aktivitäten, die eine Beruhigung des allgemeinen Nervensystems vorbereiten, etwa ein kurzer Spaziergang oder das Lesen einiger Seiten vor dem Einschlafen. Die vegetativen Bereiche überschneiden und durchdringen sich. Wenn sich auch manche Grundfunktionen sehr stark auf bestimmte Organe beziehen, z. B. die Schleimsekretion auf das Schleimhautorgan oder der Stuhlgang auf den Enddarm, so sind doch an der Stuhlformung auch die Zwerchfelltätigkeit und damit die Atmung, die Bewegung, letztlich der gesamte Körper beteiligt.
Wie steht es nun um Ihre Grundfunktionen?
Prüfen Sie an Hand der folgenden Tabelle, wo Sie Warnsignale des Körpers erkennen und wie Sie darauf reagieren sollten:

Prüfen Sie an Hand nebenstehender Übersicht, ob Ihre Grundfunktionen in Ordnung sind.

Appetit

- gut, mäßig, schlecht?

Atmung

- frei und leicht, regelmäßig, oft das Gefühl, nicht durchatmen zu können, Luftnot bei Aufregungen oder schon bei geringfügigen körperlichen Belastungen wie Treppensteigen?

Stuhl

- normal, verstopft, durchfällig oder gar mit Schmerzen?

Wasserlassen

- normal, erschwert, regelmäßig auch des Nachts?

Wärmehaushalt

- Sind Arme und Beine, mehr noch Hände und Füße überwiegend warm und trocken oder überwiegend kalt und feucht? Erwärmen sich die Extremitäten nach Abkühlung nur schwer?

Schlaf

- gut, zu kurz, zu lang, unruhig, Ein- und/oder Durchschlafstörungen?

Haut

- gut oder schlecht durchblutet, feucht oder trocken, fettig oder unrein?

Menstruation

- regelmäßig oder unregelmäßig, gestört oder ungestört, Abhängigkeiten von Antikonzeptiva, von Partnerproblemen oder anderen seelischen Belastungen?

Wie riskant lebe ich?

Die Killer unserer Zeit

In den hochentwickelten Ländern sterben immer mehr Menschen an immer weniger Krankheiten. Mehr als 50 Prozent aller Todesfälle gehen auf das Konto von:

- Herz-Kreislauf-Krankheiten,
- Krebs,
- Leberzirrhose,
- Stoffwechselstörungen und
- Verkehrsunfällen.

An diesen lebensbedrohenden Tatsachen sind wir mit unserer derzeitigen Lebensweise ursächlich beteiligt. Sehen wir uns das „Sündenregister“ näher an. In einem modernen Lehrbuch der inneren Medizin werden als Risikofaktoren der Herz-Kreislauf-Erkrankungen genannt: Hohe Blutfettwerte, Bluthochdruck, Zigarettenrauchen, Diabetes mellitus, Gicht, Streß, körperliche Inaktivität. Dazu kommen eine Reihe von psychosozialen Faktoren wie Konflikte in Familie und Beruf, Ängste, Aggressionen, Hilflosigkeit, welche die Wirkung der organischen Risikofaktoren noch verstärken. Ähnliches läßt sich auch über die anderen vier „Killer“ feststellen. Heute darf es als gesicherte Erkenntnis angesehen werden, daß Rauchen die wichtigste Ursache für den Bronchial-Krebs ist und daß Alkoholmißbrauch und Leberschäden unmittelbar zusammenhängen. Nicht anders ist es bei Stoffwechselstörungen, die vorwiegend durch falsche Ernährung, Übergewicht, Bewegungsarmut und Streß hervorgerufen werden. Von den Verkehrsunfällen weiß jeder, daß sie unmittelbare Folge unserer Zivilisation sind.

Der „Geist" aus der Flasche, die am weitesten verbreitete Alltagsdroge, ist ein Risikofaktor erster Ordnung.

Risikofaktoren

Bei der Beschäftigung mit chronischen Krankheiten taucht immer wieder der Begriff des Risikos auf. Gemeint ist damit: Jeder Mensch steht zwar in der Gefahr, an bestimmten Einflüssen seiner Umwelt oder an Eigenarten seines Verhaltens zu erkranken. Diese Gefahr ist aber teils begrenzt, teils berechenbar.

Ein Risiko kommt selten allein

Nicht ein Risikofaktor führt zur Krankheit, sondern das Zusammenspiel, die oftmals komplizierte und noch nicht in allen Fällen geklärte Wechselwirkung zahlreicher Risiken. Ungeachtet der noch nicht bis ins Detail geklärten Rolle der Risikofaktoren ist für unsere praktische Betrachtung die Frage entscheidend, ob durch Ausschalten oder durch Vermindern dieser Faktoren die Häufigkeit z.B. der Herz-Kreislauf-Komplikationen zu senken ist. Dies ist durch eine Reihe zielgerichteter Untersuchungen für den Bluthochdruck, das Zigarettenrauchen und auch den Fettspiegel im Blut bewiesen worden. Wenn beispielsweise mittelstarke und starke Raucher auf den Nikotinkonsum verzichten, sinkt bei ihnen das zunächst etwa um das Doppelte erhöhte Sterberisiko an Herzdurchblutungsstörungen kontinuierlich ab; nach etwa 15 Jahren erreicht es das Niveau von Nichtrauchern. Mit gleicher Wertigkeit konnte der Risikofaktor Bluthochdruck beeinflußt werden. Es ließ sich nachweisen, daß blutdrucksenkende Behandlung eindeutig lebensverlängernd wirkt. Das Auftreten von Komplikationen, vor allem Schlaganfall sowie Herz- und Hirnleistungsschwäche lassen sich weitgehend vermeiden.

Wer auf das Rauchen verzichtet, kann sein Sterberisiko erheblich senken.

Die eigenen Risiken ermitteln

Zunächst wollen wir die wichtigsten Risikofaktoren, um die es auch in diesem Buch geht, ein wenig ordnen, um die Zusammenhänge zu verdeutlichen:

Gruppe I: Die Alltagsdrogen: Nikotin – Alkohol – Medikamentenmißbrauch

Gruppe II: Fehlernährung und Stoffwechselstörungen: Übergewicht – Fettstoffwechselstörungen – Cholesterin – Triglyceride – Blutzucker – Harnsäure

Gruppe III: Bewegungsarmut

Gruppe IV: Fehlspannung: Hoher Blutdruck – Streß

Gruppe V: Das erbliche Risiko

Übersicht über die wichtigsten Risikofaktoren unserer Zeit.

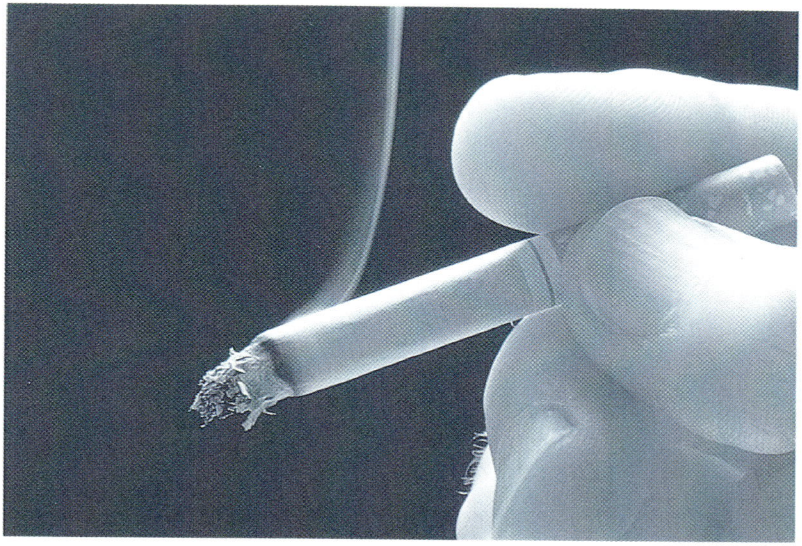

Bis heute hat man im Tabakrauch schon mehr als 200 Substanzen entdeckt, die krebsverursachend sein können.

Risikogruppe I: Die Alltagsdrogen

Alltagsdrogen? Nikotin, Alkohol und der konstante Gebrauch von Medikamenten werden in einem kleinen Faltblatt, herausgegeben vom Verband „Deutscher Rentenversicherungsträger“, so genannt. Warum?

- Wir greifen fast alltäglich zu ihnen.
- Wir benutzen, ja konsumieren sie sehr leichtfertig.
- Wir glauben oft an Wirkungen, die sie nicht besitzen.
- Die nachweislichen Schäden jedoch ignorieren wir.

Also: Nikotin, Alkohol, Medikamente sind durchaus mit Drogen vergleichbar. Erst wollen wir sie, dann brauchen wir sie. Sie schädigen die Gesundheit und können zur Gewöhnung führen. Die Suchtgefahr steigt mit der Menge und der Häufigkeit des Gebrauchs. So mancher gerät allmählich in einen oder mehrere Teufelskreise und findet nicht mehr heraus.

Im Sinne unseres Anliegens lassen Sie uns auch hier bilanzieren. Zunächst ein „Blick in den Spiegel“. Und dann gehen wir noch weiter ins Detail. Sie finden auf der folgenden Seite eine Reihe von Aussagen; sie dienen einer kritischen Selbstbetrachtung. Kreuzen Sie bitte bei jeder Aussage an, ob diese für Sie zutrifft oder nicht:

Befragen Sie sich kritisch, wie Sie mit Alltagsdrogen umgehen.

	trifft nicht zu	trifft zu
1) Wenn es mir schlecht geht, trinke ich einen und fühle mich dann wohler.	☐	☐
2) Ich brauche täglich mein Quantum Alkohol.	☐	☐
3) Wenn Gäste nach alkoholfreien Getränken fragen, dann finde ich das komisch.	☐	☐
4) Auch wenn ich keinen Alkohol trinken möchte, kann ich nicht „nein danke!" sagen.	☐	☐
5) Ich fahre manchmal auch dann Auto, wenn ich unter Alkoholeinfluß stehe.	☐	☐
6) Ich trinke oft Alkohol.	☐	☐
7) Ich greife häufiger zur Schlaftablette.	☐	☐
8) Ich nehme häufiger eine Schmerztablette.	☐	☐
9) Oft brauche ich ein Beruhigungsmittel.	☐	☐
10) Ich muß Abführmittel einnehmen.	☐	☐
11) Ich bin Raucher.	☐	☐
12) Mit der Zigarette in der Hand bin ich entspannter.	☐	☐
13) Gerade in Zeiten mit starker Belastung kann ich auf die Zigarette nicht verzichten.	☐	☐
14) Ich rauche meine erste Zigarette noch vor dem Frühstück.	☐	☐
15) Zu den Aussagen 6 bis 14 wenn sie zutreffen: Ich könnte sofort damit aufhören.	☐	☐

Steigender Konsum von Nikotin, Alkohol und Medikamenten führt zur Abhängigkeit. Bis zur Krankheit ist es dann nicht mehr weit.

Zigaretten: Vierzigmal gefährlicher als Straßenverkehr

„Rauchen gefährdet die Gesundheit.“ Diese Warnung ist inzwischen auf allen Zigarettenpackungen zu lesen. Aber gerade die hartnäckigsten Raucher wollen das immer noch nicht wahrhaben. Lassen wir Fakten sprechen. In einer Umfrage, die eigentlich der Diagnostik und Therapie der Fettstoffwechselstörungen galt, schätzten 80 Prozent der befragten Ärzte ein, daß ein Raucherstop die wirksamste Maßnahme zur Verminderung gesundheitlicher Risikofaktoren ist. Bis heute hat man im Tabakrauch schon mehr als 200 Substanzen entdeckt, die als krebsverursachend oder zumindest als krebsbegünstigend einzustufen sind. Inzwischen gilt als gesichert, daß bei Rauchern folgende Krankheiten wesentlich häufiger auftreten als bei Nichtrauchern:

Krankheiten, die bei Rauchern wesentlich häufiger auftreten als bei Nichtrauchern.

- Ischämische Herzkrankheit einschließlich Herzinfarkt
- Periphere arterielle Durchblutungsstörungen, also z.B. die gefürchteten Raucherbeine
- Lungenkrebs, andere Organkrebse: Lippe, Zunge, Mund, Rachen, Kehlkopf, Speiseröhre, Bauchspeicheldrüse, Niere, Blase
- akute und chronische Bronchitis
- Lungenentzündung
- Magen- und Zwölffingerdarmgeschwüre
- Unfälle

Nach einer Untersuchung von Ejarveit (1989) hatten von 1.000 rauchenden jungen männlichen Erwachsenen statistisch einer das Risiko, ermordet zu werden, sechs bei Verkehrsunfällen umzukommen, aber 250 vorzeitig an den Folgen des Tabakkonsums zu sterben.

Welcher Rauchertyp bin ich?

Das wird sich mancher Raucher schon gefragt haben. Was wurde nicht schon alles untersucht und – scheinbar – gefunden. So sollten Raucher z. B. geselliger, weltoffener, sexuell aktiver, nervöser usw. als ihre Mitmenschen sein. Nichts davon ist gesichert. Die typische Raucherpersönlichkeit gibt es nicht. Dennoch lassen sich mehrere Gruppen von Rauchern unterscheiden:
Der Genußraucher raucht, weil es ihm Spaß macht.

Der Gewohnheitsraucher greift zu festen Zeiten (Frühstück, beim Bier, beim Warten, beim Gespräch) zum Glimmstengel.
Der Entlastungsraucher glaubt, durch Nikotin unangenehme Situationen besser überbrücken zu können. Er verschafft sich durch Zigaretten kurzzeitige Entlastung.
Der Imageraucher raucht, weil er scheinbar oder tatsächlich dadurch sein Selbstwertgefühl aufbaut.
Und bei allen schleifen sich bald Lernprozesse ein, ist das Ganze bedingt reflektorisch fixiert, wird Rauchen ein erlerntes Verhalten. Es dürfte bekannt sein: Je früher man mit dem Rauchen anfängt, desto gefährdeter ist man. Und das größte Risiko besitzen junge rauchende Frauen, die gleichzeitig hormonelle Antikonzeptiva (die sogenannte „Pille") nehmen. Wenn Sie also Raucher sind, dann sollten Sie sich jetzt einmal die folgenden Fragen stellen und beantworten:

- Zu welchem Rauchertyp gehöre ich, welches Motiv löst das Rauchen bei mir aus?
- Wenn ich rauche, was rauche ich – Zigaretten, Zigarren, Pfeife?
- Wieviel, in welcher Art rauche ich, z. B. mit Lungenzügen?
- Gibt es gar mehrere Motivgruppen, so daß es schon eine erhebliche Abhängigkeit sein könnte?
- Wenn ich nicht rauche, bin ich vielleicht passiv dem Zigarettenrauch ausgesetzt, z. B. in Gaststätten usw.?
- Wer ist passiver Mitraucher, z. B. hilflose kleine Kinder?

Passive Mitraucher sind ebenso gefährdet wie aktive Raucher. Oft sind schon kleine Kinder dem blauen Dunst ausgesetzt.

Viele Fragen, die noch zu stellen wären. Stellen Sie sich bitte die eigenen. Denken Sie über das Ergebnis nach. Dann handeln Sie!

Alkohol – König oder Teufel?

Alkohol kommt aus dem Arabischen von alk, das bedeutet – das sehr Feine. So sollte man damit umgehen. Aber in solchen Dosen, die ausschließlich anregen, konsumiert kaum jemand Alkohol. Was wäre auch etwa ein Eßlöffel Wein! Statt dessen gilt: „Es ist ein Brauch von altersher, wer Sorgen hat, hat auch Likör" (W. Busch). Und leider wurde mehr daraus, so daß Jack London schon damals sein Buch vom „König Alkohol" schrieb und sinngemäß vom Fluch der Frauen und Mütter, Töchter und Bräute auf den Teufel Alkohol sprach. Die Zahlen schwanken sehr. Manche Schätzungen sprechen von fast zwei Millionen Alkoholabhängigen in Deutschland und meinen, daß die Droge Alkohol, im Gegensatz zu anderen abhängigkeits- oder suchterzeugenden Stoffen, in ihrer Bedeutung und hinsichtlich der Gefahr, die von ihr ausgeht, längst nicht erfaßt wird. Mit Alkohol ist natürlich C_2H_5OH, der Ethylalkohol, gemeint, der bei der sogenannten alkoholischen Gärung entsteht. Seine Wirkungen im menschlichen Organismus sind vielfältig. Vor allem beeinträchtigt er bzw. sein Oxidationsprodukt, das Azetaldehyd, die Nervenzellen und deren Funktionen bis hin zum völligen Zusammenbruch. Alkohol schädigt bereits das werdende Kind; er sorgt dafür, daß wesentlichste Organe erkranken, insbesondere Herz, Leber, Nieren, Bauchspeicheldrüse, Gehirn. Als besondere Komplikationen sind das berühmt-berüchtigte Delir, Halluzinationen oder der Gedächtnisverlust (Korsakowsyndrom) zu nennen.

Wie beeinflußt Alkohol das (Gesamt-) Verhalten?

Entscheidend für die Wirkung ist die Blutalkoholkonzentration, also die Menge reinen Alkohols, die nach einer bestimmten Trinkmenge und -zeit im Blut nachzuweisen ist. Es gilt die Faustregel: Eine Alkoholeinheit (ein Glas Bier, Schnaps oder Wein) entspricht etwa 0,3 Promille.
Wie verändert nun zunehmender Alkoholkonsum – hier meinen wir den einmaligen – das Gesamtverhalten?

Entscheidend für die Wirkung des Alkohols ist seine Konzentration im Blut, die in Promille (1/1000) gemessen wird.

Unter 0,45 Promille

Geringe alkoholische Beeinflussung. Für Jugendliche und alte Menschen im Straßenverkehr unter Umständen bereits bedenklich

0,5-0,7 Promille

Leichte Alkoholbeeinflussung. Abnahme des Raumsehvermögens und der Anpassungsfähigkeit der Augen an die Dunkelheit. Minderung der Aufmerksamkeit und der Konzentrationsfähigkeit

0,8-1,2 Promille

Merkliche Alkoholbeeinflussung. Abnahme des Raumsehvermögens und der Anpassungsfähigkeit der Augen an die Dunkelheit. Deutliche Minderung der Aufmerksamkeit und der Konzentrationsfähigkeit. Zeichen der Euphorie und Enthemmung mit

Überschätzung der eigenen Fähigkeiten und Steigerung des Selbstbewußtseins. Verzögerte Reaktionsabläufe

1,3-1,6 Promille

Schon mittlere Alkoholbeeinflussung um 1 Promille führt zu einer deutlichen Verminderung von Aufmerksamkeit und Konzentrationsfähigkeit. Oft tritt auch ein Kontrollverlust ein.

Mittlere Alkoholbeeinflussung. Deutliche Abnahme des Raumsehvermögens und der Anpassungsfähigkeit der Augen an die Dunkelheit. Deutliche Minderung von Aufmerksamkeit und Konzentrationsfähigkeit. Es zeigen sich deutlich verzögerte Reaktionsabläufe

1,7-2,0 Promille

Erhebliche Alkoholbeeinflussung. Erhebliche Abnahme des Raumsehvermögens und der Anpassungsfähigkeit der Augen an die Dunkelheit. Erhebliche Minderung von Aufmerksamkeit und Konzentrationsfähigkeit. Zeichen ausgeprägter Euphorie und Enthemmung mit Überschätzung der eigenen Fähigkeiten und Steigerung des Selbstbewußtseins. Stark verzögerte und gestörte Reaktionsabläufe. Leichte Gleichgewichtsstörungen

2,1-2,5 Promille

Starke Alkoholbeeinflussung. Starker Rauschzustand. Stark ausgeprägte Gleichgewichts- und Koordinationsstörungen. Schwer gestörte und verzögerte Reaktionsabläufe. Geminderte Erinnerungsfähigkeit. Beeinträchtigung der Orientierungs- und Wahrnehmungsfähigkeit

2,6-3,5 Promille

Sehr starke Alkoholbeeinflussung. Schwerer Rauschzustand. Stark ausgeprägte Gleichgewichts- und Koordinationsstörungen. Stark gestörte und verzögerte Reaktionsabläufe. Sehr starke Beeinträchtigung der Orientierungs- und Wahrnehmungsfähigkeit. Schwerbesinnlichkeit bis zum völligen Erinnerungsverlust. Bewußtseinstrübungen, eventuelle Bewußtlosigkeit

Über 3,5 Promille

Schwere akute Alkoholvergiftung. Tiefe, nicht selten tödlich endende Bewußtlosigkeit. Weitgehende Lähmungserscheinungen am ganzen Körper.

Verlockende Vielfalt.
Alkohol und Tabakwaren sind die Drogen, die man jederzeit legal erwerben kann und für die auch noch massiv geworben wird.

Daß hierbei sehr große Unterschiede existieren, dürfte bekannt sein. Normalerweise vertragen Männer, bedingt durch Stoffwechselanlagen, mehr Alkohol als Frauen.

Vom Mißbrauch zur Krankheit

Lassen Sie uns zunächst unterscheiden zwischen Alkoholmißbrauch und Alkoholkrankheit. Unter Alkoholmißbrauch wird der übermäßige Genuß von Alkohol zu ungeeigneten Zeiten, an ungeeigneten Orten und durch ungeeignete Personen, insbesondere unter Verletzung gesetzlicher Pflichten verstanden. Gemäß einer WHO-Definition versteht man unter einem Alkoholkranken einen exzessiven Trinker, dessen Abhängigkeit vom Alkohol solchen Grad erreicht hat, daß er deutliche geistige Störungen oder Konflikte in seiner körperlichen und geistigen Gesundheit, seinen mitmenschlichen Beziehungen, seinen sozialen und wirtschaftlichen Funktionen aufweist, oder es zeigen sich Vorstufen einer solchen Entwicklung. Es existieren fließende Übergänge zwischen Mißbrauch und Abhängigkeit.
Welche Typen der Abhängigkeiten des Mißbrauchs bzw. der Krankheit gibt es?

Alkoholmißbrauch vom Typ Alpha: Periodisches Konflikt- und Erleichterungstrinken. Die Wirkung des Alkohols wird bewußt genutzt, das Sich-Betrinken ist beabsichtigt. Es entsteht eine Toleranz gegenüber Alkohol, ohne daß dabei die Kontrolle über das Trinken verlorengeht. Entwicklung zum Exzeßtrinken.

Alkoholmißbrauch vom Typ Beta: Kontinuierliches Trinken kleinerer Mengen, über den Tag verteilt. Die Beta-Trinker sind im Verhalten unauffällig; es erfolgt kein Sich-Betrinken.

Alkoholkrankheit vom Gamma-Typ: Periodisches, starkes Trinken. Exzeßtrinken, mit der Entwicklung einer zuerst auffälligen psychischen, aber auch physischen Abhängigkeit bei ausgeprägter Toleranzentwicklung und gleichzeitigem Kontrollverlust über das Trinken. Es gelingt nicht mehr, längere Zeit abstinent zu sein.

Der psychischen Abhängigkeit vom Alkohol folgt oft die Krankheit. Die Grenzen zwischen Mißbrauch und Sucht sind fließend.

Alkoholkrankheit vom Delta-Typ: Tägliches, über den Tag verteiltes Trinken geringer Alkoholmengen. Ausgeprägter Abstinenzverlust. Sogenannte Spiegeltrinker. Sie bedürfen eines ständigen Alkoholspiegels im Blut.

Auffällig wird hier zuerst die psychische Abhängigkeit. Wo aber beginnt das Risiko? Wieviel Alkohol kann man eigentlich unbedenklich trinken? Die Angaben gehen auseinander. Grenzwerte für Männer: 60 ml reiner Alkohol am Tag, für Frauen 40 ml. Manche Autoren setzen nur die Hälfte an, d.h. 30 bzw. 20 ml. Wie kommt man nun zu diesen Angaben, wie kann man das berechnen? Hierzu Anhaltspunkte: 10 ml Alkohol sind enthalten in 1/4 l Bier (4prozentig), 1/8 l Wein (8prozentig), 25 ml Schnaps (40prozentig).

An der amerikanischen Universität von North Carolina hat man vier wesentliche Fragen entwickelt, die Ärzte jedem Patienten über 12 Jahre stellen sollten:
- Glauben Sie, daß Sie Ihren Alkoholkonsum einschränken sollten?
- Waren Sie schon einmal verärgert, weil Ihr Alkoholkonsum kritisiert wurde?
- Hatten Sie nach Alkoholgenuß öfter Gewissensbisse oder Schuldgefühle?
- Haben Sie schon einmal morgens Alkohol getrunken, um Ihre Nerven zu beruhigen oder Ihren Kater zu bekämpfen?

Bereits bei zwei Bejahungen kann man von einem Alkoholismus-Risiko ausgehen. Nun möge sich jeder Leser diese Fragen vorlegen. Und noch einmal:
- Trinke ich fast täglich ein alkoholisches Getränk?

- Was trinke ich?
- Wieviel, wie oft, wie lange konsumiere ich schon übermäßig viel Alkohol?
- Wie sind meine Trinkgewohnheiten, trinke ich allein oder in Gesellschaft, wann muß ich was warum trinken?

Vorsicht: Medikamente

Etwa 25 – 30 Prozent der Bevölkerung der Bundesrepublik Deutschland nehmen nach wissenschaftlichen Schätzungen regelmäßig Beruhigungs-, Anregungs- oder Schmerzmittel ein. Dies meist ohne ärztliche Anordnung und Überwachung. Die Zahl der Medikamentenabhängigen dürfte bald eine Million erreicht haben.

Die gefährliche Gewohnheit

Die deutsche Hauptstelle gegen die Suchtgefahren e.V. sieht folgende psychosoziale und individuelle Faktoren, die zur Abhängigkeit führen können:

Faktoren, die zur Medikamentenabhängigkeit führen können.

1. Familiäre Belastungen und Konflikte, falsche Leitbilder, Selbstunsicherheit, geringe Belastbarkeit, emotionale Labilität.
2. Milieubedingungen, wie Einsamkeit, soziale Isolation, Einstellung der Umgebung zum Medikamentengebrauch, Verführung durch Arzneimittelwerbung.
3. Beeinträchtigung des Wohlbefindens, d.h. neurovegetative und psychosomatische Beschwerden, Schmerzen, Angstzustände, Schlafstörungen, depressive Verstimmungen und Stimmungsschwankungen, Antriebs- und Konzentrationsstörungen.
4. Erlernte Mechanismen, also Angst- und Spannungsminderung durch Medikamente, Gewöhnung, „Vorbeugung“ (erwartete oder befürchtete Probleme und Beschwerden werden „vorbeugend“ bekämpft).
5. Aktuelle Streßfaktoren, d.h. kritische Lebenssituationen (Scheidung, Kündigung, Partnerverlust, Konflikte).

Der erste Zug. Ein Raucher hat mindestens hundert Gründe, um sein „Laster" zu rechtfertigen. Aber es gibt tausend gute Gründe dafür, damit aufzuhören.

Arzneimittel mit Gewöhnungsrisiko

Zu den Arzneimitteln, die ein relativ hohes Gewöhnungspotential besitzen, gehören:

- Alkoholhaltige Arzneimittelzubereitungen
- Analgetika (schmerzlindernde Mittel)
- Antitussiva (hustendämpfende Mittel)
- Psychopharmaka (Beruhigungs-, Schlaf-, Aufputschmittel)
- Appetitzügler.

Die Folgen des chronischen Mißbrauchs

Auch scheinbar ganz harmlose Medikamente können zur Droge werden und in die Abhängigkeit führen.

Die Folgen des Mißbrauchs und der Abhängigkeit von Medikamenten sind deshalb so vielfältig, weil sie nicht nur von den pharmakologischen Eigenschaften der Medikamente und deren unterschiedlichen Kombinationen bestimmt werden. Auch das individuelle Verhalten des Betroffenen und die Reaktionen des sozialen Umfeldes sind von wesentlicher Bedeutung.
Entzugssymptome: Manche Gruppen von Medikamenten führen zu typischen Entzugssymptomen. Diese Phänomene tragen zur Erhaltung des Mißbrauchs bei. Selbst Hustenmittel mit Codein und Dihydrocodein (Paracodin, Vemedacen) können so wirken. Aber auch für das früher verwendete Phenacetin ist eine euphorisierende Wirkung mit Abhängigkeit nachgewiesen.
Vergiftungen: Die chronischen Vergiftungszeichen werden meist nicht gesehen. Sie entstehen durch unbeabsichtigte Überdosierung, durch ungeeignete Kombinationen verschiedener Medikamente oder von Medikamenten und Alkohol bzw. bei gegensinnigen Maßnahmen während einer Selbstbehandlung.

Achtung: Warnsignale!

Wie bei allen Suchtformen gehören zur Medikamentenabhängigkeit auch die Unfähigkeit zum längeren Absetzen der Mittel, der Kontrollverlust, die verschiedenen psychischen Veränderungen mit Verhaltensauffälligkeiten und neurologischen Störungen. Auch hier ist es so, daß der Kranke sich immer mehr isoliert, zunehmend inaktiv wird, daß es zu einer Bindung an das Suchtmittel und zur Interesseneinschränkung kommt. Das Verheimlichen und der Beschaffungszwang sowie der immer wieder verlorene Kampf dagegen und demzufolge ein schwindendes Selbstwertgefühl gehören dazu. Der Abhängige ist einerseits stimmungslabil, mürrisch und wehleidig oder aber auch überaktiv, „unter Strom“. Auf mögliche Medikamentenabhängigkeit weisen

z.B. auch hin: Interessenlosigkeit, Gleichgültigkeit, Antriebsmangel, reizbare Nörgelei, Konzentrations- und Lernfähigkeitsschwäche und auch neurologische Symptome wie Gangstörungen, Doppelbilder, Sprachstörungen, Zittern, Augenstörungen, zahlreiche vegetative Störungen und zwischenzeitliche Bewußtseinseinschränkungen oder sogar hirnorganische Anfälle. Wie bei anderen Suchtformen findet sich der gleiche Persönlichkeitsabbau, finden sich die gleichen sozialen Probleme – Störungen und schließlich Zerbrechen der familiären Bindungen, zunächst Unzuverlässigkeit und dann Abwesenheit vom Arbeitsplatz mit dem Verlust der Arbeitsstelle, sozialer Abbau, zunehmende Isolierung und Einschränkung auch des sozialen Interessenkreises, Abnahme sexueller Bedürfnisse, Sinken des kulturellen Niveaus.
Und auch am Ende dieses Kapitels möge jeder Leser sich fragen:

- Wie gehe ich mit Medikamenten um?
- Benutze ich sie manchmal als Brücke?
- Sind sie möglicherweise bereits zur Krücke geworden?

Ja, wie ist das mit dem Schlafmittel, mit den Schmerztabletten, mit den Beruhigungspillen, mit den Abführmitteln, allein oder in Kombination mit Alkohol und anderem?

Risikogruppe II: Fehlernährung, Stoffwechselstörungen

Die (gestörte) Bilanz

Wenn die Bilanz zwischen Nahrungsaufnahme und Energieverbrauch nicht ausgeglichen ist, kommt es früher oder später zu organischen Störungen.

Zahlreiche Probleme des Stoffwechsels und des Energieumsatzes in unserem Körper lassen sich ohne Kenntnis biochemischer Abläufe durch Aufstellung einer Bilanz erkennen. Dabei handelt es sich – wie in der Wirtschaft – um die Feststellung des Nutzeffekts, belegbar aus Aufwand und Ergebnis.
Aufgenommen werden mit der Nahrung Fette, Eiweiße und Kohlehydrate. Das Eiweiß ist im Baustoffwechsel erforderlich zum Aufbau des Körpers und zum Ersatz verbrauchter Substanzen. Fette und Kohlehydrate unterhalten den Betriebsstoffwechsel. Sie liefern die zur Erhaltung der Lebensfunktionen notwendige Energie. Ausgeschieden werden als Abbauprodukte Harnstoffe sowie Wasser und Kohlendioxyd.

Beim gesunden Menschen regelt normalerweise das Hungergefühl die Nahrungsaufnahme. Der Körper signalisiert damit, daß er nun Nachschub benötigt. Wenn nicht über dieses Gefühl hinaus gegessen wird, ist ein relativ konstantes Körpergewicht garantiert. Aber diese normale Funktion ist bei vielen Menschen gestört und durch psychologisch gesteuerte Motivationen überlagert. Essen und Trinken sind eben nicht nur unmittelbare körperliche Bedürfnisbefriedigung, sondern auch Genuß, ja Bestandteil der Kultur. Da kann man schon einmal die Kontrolle verlieren.

Das leidige (Über-)Gewicht

Übergewicht ist nicht nur ein ästhetisches Problem; oft steigt auch das Infarktrisiko mit den Pfunden an.

Das „wünschenswerte" Körpergewicht wird mittels folgender Formel errechnet:
Normalgewicht in kg = Körpergröße in Zentimeter minus 100.
Idealgewicht in kg = Normalgewicht minus 10 Prozent bei Männern bzw. minus 15 Prozent bei Frauen.

Personen mit Untergewicht sollten nach Möglichkeit zunehmen, Personen mit Idealgewicht sollten sich bemühen, dieses zu halten, wer leicht über der Norm liegt und gesund ist, kann sein Gewicht ebenfalls behalten. Menschen mit bis zu 20 Prozent Übergewicht sollten abnehmen, insbesondere, wenn sie zuckerkrank sind, einen erhöhten Blutdruck oder einen erhöhten Blutfettspiegel haben. Menschen mit mehr als 20 Prozent Übergewicht müssen abnehmen, denn bei ihnen ist von Begleiterkrankungen und einer verkürzten Lebenserwartung auszugehen.

Wieviel darf man auf die Waage bringen?

Fast die Hälfte der Frauen und mehr als ein Fünftel der Männer schleppen oft erheblich mehr als ihr zulässiges Gewicht mit sich herum. Das bedeutet, sie können leichter und häufiger an Diabetes, Gefäßleiden und anderen Formen der Arterienverengungen, an Herzinfarkt sowie an Gallen- und Nierenleiden erkranken. Auch Erkrankungen des Stützsystems, z.B. der Wirbelsäule, sind oft Folgeerscheinungen des Übergewichts. Nicht zu unterschätzen sind auch größere Risiken bei Operationen und bei Unfällen.

Wir wiesen bereits darauf hin, es sind viel seltener organische Ursachen oder sogar angeborene Veranlagungen, die für solche Fehlhaltungen verantwortlich zu machen sind, sondern meistens übernommene, oft anerzogene Verhaltensmuster, die zu falschen Eßgewohnheiten führen. Diese Gewohnheiten kann man, muß man ändern.

Das Übergewichtsrisiko berechnen

„Body-Mass-Index" – mit dieser neuen Formel aus den USA können Sie selbst feststellen, ob Sie mehr wiegen, als Ihr Herz verkraften kann. Und so berechnen Sie Ihren BMI:
Die Körpergröße (in Meter) wird mit sich selbst multipliziert. Das Körpergewicht (in Kilogramm) wird anschließend durch den zuerst ermittelten Wert dividiert.

Mit dem Body-Mass-Index (BMI) kann man sein Infarktrisiko berechnen.

Die BMI-Idealwerte:

Alter (Jahre)	BMI (in kg/m²) Frauen	Männer
20 – 29	19,5	21,4
30 – 39	23,4	21,6
40 – 49	23,2	22,9
50 – 59	25,2	25,8

Wer seinen idealen BMI-Wert erreicht oder ihm sehr nahe kommt, hat in seiner Altersgruppe ein sehr geringes Infarktrisiko, allerdings nur dann, wenn er Nichtraucher ist. Schon geringe Abweichungen nach oben erhöhen das Risiko beträchtlich. In diesem Fall sollte man sich unbedingt vom Arzt untersuchen lassen. Aber es geht nicht nur um den Herzinfarkt. Während die relative Krankheitshäufigkeit zum Beispiel bei Normalgewichtigen nur 20 Prozent beträgt, liegt sie bei Übergewichtigen etwa bei 80 Prozent. Die Sterberate (Normalgewichtige = 100) steigt bei einem Übergewicht von 10 Prozent auf 115, bei einem Übergewicht von 20 Prozent auf etwa 140, bei einem Übergewicht von 30 Prozent sogar auf den Wert 175. Übergewichtige sterben mehr als doppelt so häufig wie Untergewichtige an Herz- und Gefäßerkrankungen (einschließlich Schlaganfällen). Gegenüber der Norm ist ein fünffach häufigeres Vorkommen von Angina pectoris (Herzangst, Herzbeklemmung) zu finden. Auch andere

Erkrankungen sind häufig mit dem Übergewicht verbunden bzw. verlaufen schwerer.
Noch einmal eine wesentliche Orientierung: Für die heute überwiegende Zahl der Leichtarbeiter ist eine Energiezufuhr von 10090 Kilojoule (2400 Kilokalorien) mit folgender Nährstoffverteilung zu empfehlen: 12-15 Prozent Eiweiß, 25-30 Prozent Fett, 55-60 Prozent Kohlehydrate. Auf das richtige Verhältnis kommt es an!

Einmal in der Woche sollte man sein Gewicht prüfen. Wer mehr als 20% Übergewicht hat, muß unbedingt abnehmen, wenn er gesund bleiben will.

Und nun wieder einige kritische Fragen:
- Wie schwer bin ich?
- Wenn ich Übergewicht habe, wie hoch ist mein Risiko?
- Wie fühle ich mich damit?
- Was habe ich gegen mein Übergewicht getan, mit welchem Erfolg?
- Was tue ich jetzt?

Und weiter zur gesunden Ernährung:
- Gibt es Abwechslung im Speiseplan?
- Fasten Sie auch manchmal?
- Achten Sie auf Saisonangebote?
- Essen Sie umweltbewußt, aber ohne Umweltangst?
- Lassen Sie die Zähne arbeiten?
- Bemühen Sie sich um vollwertige Nahrungsmittel?
- Kaufen Sie richtig ein?
- Behandeln Sie Lebensmittel schonend?
- Bereiten Sie das Essen richtig zu?
- Gehen Sie öfter einmal auf die Waage?

Stoffwechselstörungen

Wir unterscheiden bei Stoffwechselkrankheiten Störungen des Fettstoffwechsels, des Zucker- (Kohlehydrat-) Stoffwechsels und des Harnsäurestoffwechsels (Gicht).

Das Blutfett: Cholesterin & Co.

Bereits nach der Nahrungsaufnahme wird der Speisebrei mit Verdauungssäften in der Mundhöhle, später im Magen und im oberen Dünndarm durchmischt. Schon im Magen bilden sich Fetttröpfchen. Diese verändern sich im nachfolgenden Zwölffingerdarm durch Gallenflüssigkeit so, daß sie weiter aufgespalten werden können. In der nun vorliegenden Größe können sie über die Dünndarmschleimhaut in das Blut gelangen. Das Blut transportiert dann die Neutralfette (Triglyceride = Verbindungen des Glycerins mit Fettsäuren) und das Cholesterin in die verschiedenen Körperteile, wo sie benötigt werden. Das Cholesterin wird zum Aufbau der Hülle der Körperzellen und zum Aufbau von Hormonen gebraucht. Neutralfette liefern vorwiegend Energie.

Störungen des Fettstoffwechsels, des Kohlehydratstoffwechsels und des Harnsäurestoffwechsels zählen zu den wichtigen Risikofaktoren.

Im Blut liegen die Blutfette (Lipide) nicht frei, sondern an Eiweiße gebunden, vor.
Man unterscheidet vier Fetteiweißtypen:
1. Chylomikronen
2. Lipoproteine sehr geringer Dichte (VLDL)
3. Lipoproteine geringer Dichte (LDL)
4. Lipoproteine hoher Dichte (HDL)

Triglyceride, die Neutralfette, bilden den Hauptteil der Fette, die im Blut transportiert werden. Dies sind täglich 70 – 150 g Triglyceride, aber nur 1 – 2 g Cholesterin.
Eine ständige Erhöhung dieser Blutfettbestandteile kann der Körper nicht ausgleichen. Ein zu hoher Fettanteil im Blut führt bei längerer Dauer zwangsläufig zur Ablagerung an den Gefäßwänden – ein oft weitgehend unbemerkt verlaufender Prozeß. Irgendwann können lebensnotwendige Organe nicht mehr ausreichend mit Blut versorgt werden. Am häufigsten betroffen von diesem Prozeß sind Herz und Gehirn und von den Gliedmaßen insbesondere die Beine.

Ein zu hoher Fettanteil im Blut führt zu Ablagerungen an den Gefäßwänden. Das kann dazu führen, daß die Gliedmaßen nicht mehr ausreichend durchblutet werden können.

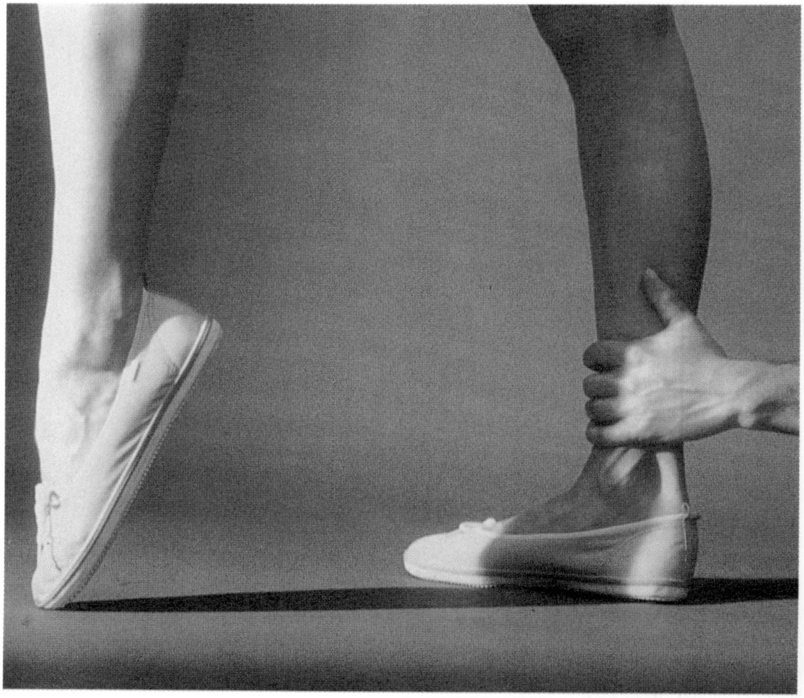

Wodurch steigt der Blutfettspiegel?

Die Ursachen der erhöhten Blutfettwerte, der Fettstoffwechselstörung, können sehr unterschiedlich sein. Vererbung kann in manchen Familien eine Rolle spielen. Sie können auch infolge anderer Erkrankungen auftreten. Beispielhaft seien genannt die Zuckerkrankheit, Nieren- und Lebererkrankungen oder Schilddrüsenstörungen. Die eben genannten Ursachen scheinen uns von eigener Verantwortung freizusprechen. Dies ist aber nicht so, denn die zwei wesentlichen weiteren Ursachenkomplexe sind durch uns sehr wohl zu verantworten und zu beeinflussen: Eine überreiche und falsche Ernährung sowie der Bewegungsmangel. Wenn zuviel Fett aufgenommen wird, dann kann der Körper diese überschüssigen Nahrungs-(Fett-)mengen nicht sofort verarbeiten. Er speichert sie deshalb. Wird nicht ausreichend Energie durch Muskelarbeit verbraucht, kommt es zu Fettablagerungen.

„Äußere" Warnsignale bei Fettstoffwechselstörungen

Eine zu reichliche, falsche Ernährung und chronischer Bewegungsmangel führen zwangsläufig zum gestörten Fettstoffwechsel.

Welche Zeichen verraten uns nun, wann eine Fettstoffwechselstörung vorliegt? Zunächst das Übergewicht, dann diverse Fettablagerungen an den Sehnen, in der Haut, im Hautgewebe, das die Augen umgibt (Xanthelasmen). Selbst um die Iris (Regenbogenhaut) des menschlichen Auges herum kann es zu Ablagerungen kommen (Greisenring- oder Fettbogen). Neben diesen sichtbaren Ablagerungen sind die inneren viel gefährlicher. Die Fett- bzw. Arterioskleroseplaques, die zu Durchblutungsstörungen des Herzens, des Gehirns oder der unteren Gliedmaßen führen. Zu erwähnen sind auch die sogenannte gelbe Handlinie und eine Lebervergrößerung, insbesondere die Fettleber.
Bei folgenden Erkrankungen ist ebenfalls an Fettstoffwechselerkrankungen zu denken: Diabetes mellitus, Hyperurikamie (Erhöhung der Harnsäure im Blut), frühzeitige degenerative Gefäßerkrankungen, Entzündungen der Bauchspeicheldrüse, Lebervergrößerung. Gleiches gilt für reichlichen Alkoholgenuß und Medikamente, die den Fettstoffwechsel beeinflussen.

Was ist normal?

Studien haben gezeigt, daß erhöhte Cholesterinwerte das Risiko einer koronaren Herzkrankheit erheblich vergrößern. Die beste Empfehlung: Serum-Cholesterinwerte von gleich oder kleiner als 200 mg pro 100 ml anzustreben. Im Gegensatz zum Cholesterin ist bei den Triglyceriden noch unklar, ob sie eine unabhängige

Risikovariante darstellen. Ein Triglyceridwert über 250 mg pro 100 ml muß aber wohl als bedenklich angesehen werden.
Während die Erhöhung der Triglyceride keinen eindeutigen Risikofaktor für die Erkrankung der Koronararterien darstellt, konnte jedoch ein deutlicher Zusammenhang mit Diabetes, mit Gicht und Entzündungen der Bauchspeicheldrüse hergestellt werden. Der LDL-Anteil des Cholesterins erhöht sehr direkt das Herz-Kreislauf-Risiko, während bei dem HDL-Anteil eine umgekehrte Beziehung besteht. Wir besitzen also in unserem Körper gleichzeitig „gutes" und „schlechtes" Cholesterin.
Die Werte der HDL steigen bei körperlicher Aktivität und mäßigem Alkoholgenuß an. Sie fallen ab durch Nikotingenuß, Fettsucht und durch die Einnahme bestimmter hormoneller Verhütungsmittel. In mehreren Studien konnte gezeigt werden, daß mit Zunahme des HDL-Spiegels um 30 mg pro 100 ml auf Werte von 60 mg pro 100 ml das Auftreten von koronaren Herzerkrankungen um die Hälfte zu reduzieren war. Auch das familiäre Auftreten eines erhöhten HDL-Wertes oder eines Mangels an LDL verringert das Herzinfarktrisiko. Diese Befunde verdeutlichen die Notwendigkeit, nicht nur den Spiegel des Gesamtcholesterins, sondern auch der einzelnen Lipoproteinklassen zu bestimmen.

Gestörter Fettstoffwechsel und erhöhter Blutdruck sind oft miteinander verbunden. Dann kommt es zu schwerer Beeinträchtigung des Wohlbefindens.

Raucher haben ein mehrfach erhöhtes Risiko, einen Herzinfarkt zu erleiden.

Nach ganz aktuellen Informationen läßt sich durch die Analyse von Gesamtcholesterin und HDL-Cholesterin eine Hochrisikogruppe von einer Niedrigrisikogruppe sehr gut abgrenzen. Zwar wurde für Gesamtcholesterin ein oberer Grenzwert von 200 mg pro 100 ml als Richtgröße festgelegt, doch die Bedeutung von Werten über dieser Grenze kann nur interpretiert werden, wenn mindestens die HDL-Konzentration berücksichtigt wird. Als praktikablen Grenzwert, der beide Parameter einschließt, wird vorgeschlagen, den Quotienten aus Gesamtcholesterin und HDL heranzuziehen. Liegt der Quotient unter 5, so ist das Herzinfarktrisiko relativ gering, liegt er über 5, so steigt die Infarktgefährdung erheblich an. Allerdings muß bei einem Gesamtcholesterin-HDL-Quotienten über 5 berücksichtigt werden, ob dies mehr zu Lasten von Gesamtcholesterin oder HDL-Cholesterin geht. Kein erhöhtes Herzinfarktrisiko weist sicher ein Mensch auf, bei dem ein Gesamtcholesterin von 240 mg pro 100 ml und ein HDL-Cholesterin von 80 mg pro 100 ml gefunden wird.

Triglyceride als Zünglein an der Waage

Wenn man die Menschen mit den über fünf erhöhten Cholesterin-HDL-Quotienten noch bezüglich der Triglyceride, der Neutralfette, unterteilt, kommt man zu einer weiteren Differenzierung in der Herzinfarktgefährdung. Während bei einem Triglyceridspiegel unter 200 mg pro 100 ml doch noch günstigere Verhältnisse vorzuliegen scheinen, ist in der Kombination Cholesterin/HDL- Wert über fünf und Triglyceridspiegel über 200 eine sehr hohe Gefährdung anzunehmen. Man spricht inzwischen von einer Hochrisikogruppe, in der sich etwa ein Viertel aller Herzinfarkte ereignen. Diese Hochrisikogruppe umfaßt immerhin etwa vier Prozent der Bevölkerung.
Auch dazu wieder die wichtigsten Fragen:

- Wie fettreich ernähren Sie sich?
- Welche Erbanlagen gibt es möglicherweise?
- Wie hoch ist der Gesamt-Cholesterinspiegel?
- Wie hoch ist der Anteil von HDL, dem sogenannten „guten“ Cholesterin?
- Welche Triglyceride hat man bei Ihnen ermittelt?
- Und – das ist besonders wichtig – wie hoch ist der Quotient des Cholesterins zum HDL?

Zuviel Zucker im Blut

Allein in Deutschland gibt es mehr als drei Millionen Diabetiker. Die Zahl der unentdeckten Fälle wird auf fast eine Million geschätzt.

Diabetes ist eine Volkskrankheit. Er kommt häufiger vor, als viele glauben. In der Bundesrepublik Deutschland sind vier Prozent der Bevölkerung betroffen. Das sind etwa 3,2 Millionen Menschen. Der Diabetes tritt in allen Altersklassen auf. Bei Kindern ist er seltener, mit zunehmenden Jahren häufiger. Insgesamt erkranken doppelt soviel Frauen wie Männer. Trotz der recht guten medizinischen Situation in Deutschland schätzen die Fachleute, daß die ganz erhebliche Zahl des unentdeckten Diabetes bei einem Prozent der Bevölkerung liegen könnte, das wäre jeder 100. Mensch! Das könnten auch Sie sein.

Was ist Diabetes?

Es handelt sich um eine Stoffwechselstörung, die durch einen Mangel oder das Fehlen des in der Bauchspeicheldrüse gebildeten Hormons Insulin auftritt. Gestört werden damit der Kohlehydratstoffwechsel, aber auch der Fett- und Eiweißstoffwechsel. Insbesondere kommt es dazu, daß die Körperzellen die für ihre Funktion wichtige Energiequelle Zucker aus dem Blut nicht aufnehmen oder nur noch teilweise verwerten können. Der Blutzuckergehalt steigt über den Normalwert an, dies je nach Ausprägung des Insulinmangels. Wenn ein bestimmter Schwellenwert überschritten wird, scheidet der Körper den überschüssigen Zucker mit viel Flüssigkeit im Urin aus. Die Zuckerkrankheit ist gegenwärtig noch nicht heilbar. Sie ist jedoch rechtzeitig erkennbar und durch bewußte Verhaltensweisen der betroffenen Menschen und der behandelnden Ärzte gut beherrschbar.

Die Warnsignale

Wie zeigt sich nun das Vorhandensein der Zuckerkrankheit? Die klassischen Symptome treten eigentlich erst bei stärkerem Stoffwechselzusammenbruch auf. Es sind Heißhunger, starker Durst, Gewichtsverlust, häufiges Wasserlassen, Leistungsschwäche. In diesem Stadium muß sofort ärztlich behandelt werden. Andere charakteristische Hinweise sind Juckreiz, besonders in den Genitalregionen, Hauterkrankungen mit Furunkeln, Eiterbläschen, schlechte Heilungstendenz von Wunden, Trockenheit von Haut und Schleimhäuten, Zahnfleischentzündungen, Sehstörungen, Infektneigungen, Menstruationsstörungen oder Beeinträchtigung der männlichen Potenz.

Abgeschlagenheit und Leistungsschwäche gehören zu den klassischen Symptomen der Zuckerkrankheit.

Die Folgekrankheit

Der hohe Blutzucker führt im Laufe der Erkrankung, und insbesondere bei schlechter Stoffwechselführung, zu vermehrten Störungen an den großen und kleinen Blutgefäßen. Die Schäden können sehr schwerwiegend sein, sie können bis zu einer Erblindung führen, zum Herzinfarkt, zum Nierenversagen oder auch zum Absterben, zum diabetischen Brand der Füße. Wahrhaftig erschreckend: Von 100 Diabetikern sterben nur zwei in einem diabetischen Koma, die anderen 98 an den Folgen des Gefäßleidens. Und diese Gefäßschäden wären größtenteils vermeidbar!

Die Gefährdung rechtzeitig erkennen

Man achte auf die Krankheitszeichen. Entscheidend ist jedoch die Ermittlung der Blutzuckerwerte. Normal sind weniger als 100 mg pro 100 ml. Als Grenzbereich gilt 100-119 mg/100 ml. Zu dieser Bestimmung stehen inzwischen sehr einfach zu bedienende Geräte zur Verfügung. Ganz unkompliziert läßt sich auch der eventuell im Urin ausgeschiedene Zucker nachweisen.

Wieder einige Fragen:

- Haben Sie bei sich irgendwelche Hinweise für einen überhöhten Blutzucker festgestellt?
- Wann wurde Ihr Blutzucker zuletzt untersucht?
- Tritt die Zuckerkrankheit in Ihrer Familie verstärkt auf?
- Wie übergewichtig sind Sie?
- Naschen Sie zuviel?
- Bewegen Sie sich ausreichend?

Achtung Harnsäure: Die Gicht

Die Gicht ist offenbar eine Wohlstandskrankheit. Heute leidet etwa jeder Hundertste daran.

Gicht – eine Wohlstandskrankheit? In den kargen Nachkriegszeiten war die Gicht praktisch verschwunden. Heute dürfte etwa ein Prozent der Bevölkerung an dieser Erkrankung leiden. Die Ursache liegt in einem Übermaß an Harnsäure im Blut. Ein Teil der Harnsäure gelangt mit der Nahrung in den Körper; ein anderer Teil entsteht im Organismus selbst. Besonders hohe Harnsäuremengen werden dem Körper durch Innereien, durch Fleisch, in geringer Menge aber auch durch Gemüse – Spinat, Spargel – zugeführt. Erhöhte Harnsäurewerte findet man jedoch nicht nur bei Personen, die sich falsch ernähren und übergewichtig sind, sondern auch bei überdurchschnittlichem Alkoholgenuß. Auch hektische Lebensweise oder große körperliche Anstrengungen, z. B. Leistungssport, können zu überhöhten Harnsäurewerten und damit zu Gichtanfällen führen. Bei übertriebenen Abmagerungskuren wird ebenfalls reichlich Harnsäure im Körper freigesetzt.
Die erhöhte Harnsäure muß durch die Nieren (bis zu 2/3) und den Darm (1/3) ausgeschieden werden. Andernfalls kommt es zu einer Erhöhung des Harnsäurespiegels im Blut. Wenn die Konzentration im Blut über 6,4 mg pro 100 ml ansteigt und einige Zeit andauert, erreicht die Löslichkeit der Harnsäure ihre obere Grenze. Es kommt jetzt zu einem Auskristallisieren im menschlichen Körper. Harnsäurekristalle können sich im Gewebe ablagern.

Die Gicht und ihre Folgen

Der Körper bemüht sich, die Ablagerungen wieder zu entfernen. Dazu werden in das betroffene Gelenk – hier sammeln sich die Kristalle besonders – Abwehrzellen geschickt. Deren Tätigkeit äußert sich in ausgeprägten entzündlichen Reaktionen, die mit heftigen Schmerzen, Rötungen, Schwellungen des betroffenen Gelenkes und äußerster Berührungsempfindlichkeit einhergehen. Während erhöhte Harnsäurewerte im Blut bereits als das erste Stadium der Gichterkrankung zu betrachten sind, wären die akuten Gichtanfälle das zweite Stadium.

Die Gichterkrankung verläuft über vier Stadien und führt zu einer dauernden Beeinträchtigung der Bewegungsfähigkeit der Gelenke.

In dieser Phase beginnen die Schmerzen meist nachts oder in den frühen Morgenstunden und sind manchmal sogar fieberhaft. Dieser Zustand kann unbehandelt mehrere Tage anhalten. Das dritte Stadium ist ein sogenanntes symptomfreies Intervall mit wochen- bis jahrelanger Beschwerdefreiheit. Es wäre aber töricht zu glauben, die Krankheit sei überstanden. Das Zuviel an Harnsäure wirkt ständig weiter, und der nächste Anfall ist absehbar. Beim vierten chronischen Stadium liegt bereits eine dauerhafte Veränderung der Gelenke vor, die auf fortschreitende Auskristallisierung der Harnsäure in diesen Gelenken zurückzuführen ist. Äußere Anzeichen hierfür sind sogenannte Gichtknoten, die an den Gelenken, den Sehnenscheiden und Schleimbeuteln auftreten.

Bedrohung für die Nieren

Neben den Gelenken und Knochen sind es die Nieren, die bei einer Harnsäureerhöhung im Blut besonders in Mitleidenschaft gezogen werden. Bei erhöhter Harnsäureausscheidung durch den Urin bilden sich in den Nieren häufig Nierensteine, die sogenannten Uratsteine. Dies erklärt, weshalb fast jeder zweite Gichtkranke auch an Nierenkoliken leidet. Und da Nierensteine leicht von Bakterien durchsetzt werden, kann es auf diesem Wege auch zu einer Entzündung des Nierenbeckens kommen. Die sogenannte Gichtniere kann schon lange vor der Entwicklung einer Gelenkerkrankung nachweisbar sein. Sie ist ein Risikofaktor für andere, meist stumm verlaufende Folgekrankheiten, z. B. Bluthochdruckleiden. Neben einer Beteiligung des Bewegungsapparates und der Nieren kann die Gichtkrankheit auch zu Erkrankungen der Nerven und der Augen führen.
Deshalb wieder einige kritische Fragen:

- Ist Ihr Harnsäurewert im Blut erhöht, das heißt über 6,4 mg pro 100 ml?

Schmerzen an den Gelenken und die sogenannten Gichtknoten sind die äußeren Anzeichen des gestörten Harnsäurestoffwechsels.

- Sind sie übergewichtig?
- Essen Sie zu reichlich?
- Essen Sie insbesondere Innereien, wie Bries, Nieren oder Sardinen, Sprotten, Fleischextrakt, Leber, Zunge, Wild, Spinat, Hülsenfrüchte und Steinpilze?
- Bewegen Sie sich zuwenig?
- Trinken Sie insgesamt zuwenig Flüssigkeiten?

Risikogruppe III: Bewegungsarmut

Körperliche Bewegungsarmut läßt nicht nur die Muskeln erschlaffen, sondern mindert auch die geistige Beweglichkeit und das Reaktionsvermögen.

Nach Erkenntnissen der amerikanischen Herzgesellschaft AHA ist Bewegungsmangel gleichwertig neben Zigarettenrauchen, erhöhtem Blutdruck und Cholesterinspiegel ein Risikofaktor erster Ordnung. Zu hohe Energieaufnahme (Übergewicht) und zu geringer Energieverbrauch (Bewegungsmangel) veranlassen die Körperzellen zu einer Reduktion ihrer Energieaufnahme, zu einer Verminderung ihrer Insulinresistenz. Bei entsprechender Erbanlage starten sie damit die anderen Risikofaktoren, die letztlich in Arteriosklerose und über Wachstumsreize in einer Herzmuskelverdickung und letztlich der Herzerschlaffung und im Herzversagen enden.

Wer rastet, der rostet

Ein nicht beanspruchter Organismus erschlafft allmählich. Lunge und Herz verlieren ihre Funktionstüchtigkeit. Die Gefäßwandungen werden spröde. Das gesamte dem Sauerstofftransport dienende System verkümmert. Die Muskulatur büßt ihre Spannkraft ein. Ebenso nehmen geistige und körperliche Beweglichkeit, Koordinationsvermögen und Reaktionsschnelligkeit ab. Neuromuskuläre Spannung, Körpergewicht, Pulsfrequenz und die Erholungszeit nach Belastungen nehmen zu. Durch diese allgemeine Schwächung wird der Körper anfälliger für Krankheiten. Der Zustand verschlimmert sich durch Rauchen, übermäßiges Essen und die ständige Bereitschaft, sich über belanglose Dinge zu ärgern. Hier wird es notwendig, mit sportlichem Training zu beginnen. Man zwingt so den Körper, viel Sauerstoff mit der Atemluft aufzunehmen und weiterzuleiten. Der Effekt des Gesundheitstrainings läßt sich an verbesserter physischer Leistungsfähigkeit messen. Durch systematisches Üben läßt sich

bei untrainierten Männern und Frauen die Leistungsfähigkeit von Herz und Kreislauf bis zu 50 Prozent über die Ausgangswerte steigern. Das Altern wird verlangsamt. Trainierte Menschen weisen im sechsten Lebensjahrzehnt bessere Herz-Kreislauf-Funktionen auf als der Durchschnitt von 30 Jahre jüngeren untrainierten Personen. Durch systematisches Trainieren kann man die Leistungsfähigkeit vom 40. bis zum 60. Lebensjahr nahezu konstant halten.
Sport wirkt sich aber auch im Rentenalter besonders günstig auf Leistungsfähigkeit, Selbstvertrauen und Lebensfreude aus. Er fördert Persönlichkeitseigenschaften wie Kraft, Ausdauer, Reaktionsschnelligkeit, Koordinationsvermögen, soziale Kooperation usw. Sport steigert die Lebenserwartung, senkt den Krankenstand und die Frühinvalidität.
Der ständige Kampf mit dem eigenen Ich, gegen den „inneren Schweinehund" und die Bequemlichkeit entwickelt Willensqualitäten. Sport entschlackt, erleichtert, entärgert, entspannt. Keine Zeit? Wofür können wir unsere Zeit besser verwenden? Wir verfügen schon über die erforderliche Zeit, nur oft verstehen wir es noch nicht, sie zu nutzen.

Wie steht es mit der eigenen Leistungsfähigkeit?

Bevor Sie sportlich aktiv werden, sollten Sie unbedingt Ihre Leistungsfähigkeit testen. Nutzen Sie die folgenden Kurztests.

Am Anfang jeder sportlichen Aktivität sollten Sie unbedingt Ihre derzeitige physische Verfassung überprüfen. Für Kranke, Funktionseingeschränkte oder für Menschen mit ausgesprochenem Mangeltraining ist die ärztliche Untersuchung unumgänglich. In allen anderen Fällen kann eine Groborientierung durch diverse Leistungstests erfolgen. Nachfolgend nur einige Anregungen und Anleitungen zur Selbstkontrolle:
Der Sportmediziner Dr. Braumann vom Olympiastützpunkt Hamburg/Kiel hat z. B. einige Kurztests für die körperliche Fitneß, für Beweglichkeit, Koordinationsfähigkeit, Ausdauer und Kraft entwickelt, die Sie bequem zu Hause durchführen können.

Beweglichkeit

Versuchen Sie, bei gestreckten Knien, den Boden mit den Fingerspitzen zu erreichen. Zuerst nach vorn, dann auf der rechten und linken Seite. Dazwischen jeweils wieder aufrichten. In 30 Sekunden sollten Frauen/Männer im Alter bis zu 40 Jahren mindestens 15/20 Rumpfbeugen schaffen; im Alter von 40 bis 50 Jahren 12/15 und über 50jährige 10/12 Rumpfbeugen.

Ausdauer

Kniebeugen sind besonders gut geeignet. Messen Sie nach der Übung den Puls. Ist er zwei Minuten später auf einen Wert unter 100 gesunken, können Sie mit Ihrer Ausdauer zufrieden sein.
Und soviele Kniebeugen sollten sie in 30 Sekunden schaffen:
Frauen/ Männer bis 40 Jahre: 24/28
Frauen/Männer zwischen 40 und 50 Jahren: 20/24
Frauen/Männer über 50 Jahre: 15/18.

Kraft

Die Kraft der Arm- und Oberkörpermuskulatur kann man sehr gut mit Liegestützen prüfen. Männer sollten den klassischen Liegestütz ausführen, für Frauen ist der verkürzte Liegestütz zu empfehlen, bei dem statt der Fußspitzen die Knie aufgesetzt werden.
Hier wieder die Sollwerte für 30 Sekunden Übungsdauer:
Frauen/Männer bis 40 Jahre: 13/19 Liegestütze
Frauen/Männer zwischen 40 und 50 Jahren: 16/15 Liegestütze
Frauen/Männer über 50 Jahre: 13/12 Liegestütze.

Sportliche Aktivitäten entwickeln den Willen, entschlacken den Körper, mindern Ängste und Ärger.

Koordination

Das Zusammenwirken verschiedener Muskelgruppen können Sie testen, indem Sie sich mit einem Bein auf eine ebene Fläche stellen. Stützen Sie die Hände in die Hüften und winkeln Sie das andere Bein so an, daß der Fuß am Knie des Standbeins anliegt. Ihre Koordinationsfähigkeit ist ausreichend, wenn Sie – unabhängig von Alter und Geschlecht – mindestens 30 Sekunden in dieser Stellung verharren können.

Der Cooper-Test

Bei dem von Cooper, einem amerikanischen Astronautentrainer, entwickelten 12-Minuten-Lauftest ist nur die Zeit vorgegeben. Die Strecke, die Sie wählen, kann beliebig sein. Aus der in 12 Minuten zurückgelegten Strecke ergibt sich Ihr gegenwärtiger Leistungsstand:

Mit dem 12-Minuten-Lauftest nach Cooper können Sie auch Übungsfortschritte gut erfassen.

Leistungsgruppe		zurückgelegte Entfernung
I	sehr schlecht	1,6 Kilometer
II	schlecht	1,6 bis 2,0 Kilometer
III	mäßig	2,1 bis 2,4 Kilometer
IV	gut	2,4 bis 2,8 Kilometer
V	sehr gut	>2,8 Kilometer

Man beginnt im Dauerlauf, bleibt bei Luftmangel aber nicht stehen, sondern geht im Schritt weiter, bis man wieder laufen kann. Nach 12 Minuten ist die zurückgelegte Entfernung festzustellen. Auch Übungsfortschritte sind mit diesem Test gut zu erfassen.

Folgende Fragen sollten Sie sich in diesem Zusammenhang stellen:
- Sind Sie ein „Sportmuffel" oder ein „Fernseh-Athlet"?
- Wie steht es mit der eigenen Leistungsfähigkeit?
- Sind Bewegungsübungen und dosierte körperliche Belastungen zu einem festen Bestandteil Ihres Alltags geworden?

Risikogruppe IV: Mißverhältnis von Spannung und Entspannung

Der zu hohe Druck

Weshalb hoher Blutdruck und Streß von uns in eine gemeinsame Risikogruppe gegeben werden, läßt sich mit wenigen Worten begründen: Bei den Bluthochdruckerkrankungen handelt es sich zu etwa 85 Prozent um den sogenannten essentiellen arteriellen Hochdruck, d.h. um einen Spannungshochdruck. Und an diesem sind ganz wesentlich die negativen Gefühle beteiligt, weshalb man von der „Krankheit der negativen Emotionen“ spricht. Hoher Blutdruck zählt zu den Risikofaktoren erster Ordnung.

Fünf bis sieben Liter Blut pumpt das Herz mit einer Frequenz von 60 bis 180 Schlägen je Minute tagein tagaus durch unseren Körper.

Zunächst jedoch einige Basisinformationen zu Blut und Blutdruck: „Blut ist ein ganz besonderer Saft.“ Es transportiert den lebenswichtigen Sauerstoff, die Energiestoffe aus der Nahrung, Hormone und viele andere „Lebens“-stoffe zu den einzelnen Körperorganen und hält so unseren Lebensprozeß aufrecht. Fünf bis sieben Liter sind es, die da bewegt werden. Das Herz pumpt sie mit einer Frequenz von 60 bis 180 Schlägen je Minute tagein, tagaus durch unseren Körper.

Verständlich, daß auch der Blutdruck – die Spannung, die das Blut auf die Blutgefäße ausübt – nicht konstant sein kann. Unmittelbar hinter dem Herzen ist der höchste Druck zu registrieren. Dieser läßt mit der Entfernung, auf dem Weg zur Peripherie nach. In den einzelnen Organen herrschen völlig unterschiedliche Blutdrücke. Aber auch dort, wo wir ihn üblicherweise messen, an der Armschlagader, der Arteria cubitales, schwankt er ständig. Er variiert beispielsweise abhängig von der Tageszeit, von der augenblicklichen Situation, von Erregungszuständen, von körperlichen Belastungen, von Witterungswechseln usw.

Aber entscheidend beeinflussen den Blutdruck zwei Faktoren: Die Enge der Arterien und die Höhe des Pulses mit dem Herzschlagvolumen. Mit jedem Herzschlag wird eine gewisse Blutportion durch die Adern getrieben. Dann ist der Blutdruck am höchsten. Hier spricht man vom „systolischen Blutdruck“. Wenn der Herzmuskel sich entspannt hat, kann man einen zweiten Wert, den sogenannten „diastolischen Blutdruck“, registrieren.

Wie entsteht der erhöhte Blutdruck?

Wie schon gesagt, 85 Prozent des erhöhten Blutdrucks entfallen auf den sogenannten essentiellen arteriellen Hypertonus, d.h. den Spannungshochdruck.
Also: Streß, Spannung, Angst sind wesentliche Verursacher für hohen Blutdruck. Dieser Spannungshochdruck kann natürlich auch später fest werden. Man spricht dann oft von einem fixierten Hypertonus.

Organische Ursachen

In etwa 10 Prozent der Fälle läßt sich eine organische Ursache für den erhöhten Blutdruck finden. Dies können z.B. sein: eine Nierenerkrankung, eine Überfunktion der Schilddrüse oder die Einnahme von Medikamenten, die in der Nebenwirkung den Blutdruck steigern. Wenn eine derartige Ursache nachzuweisen ist, spricht man von einer sekundären Hypertonie.

Übergewicht, Streß, erhöhter Kochsalzkonsum, Alkohol, Nikotin, Bewegungsmangel sind die wichtigsten Risikofaktoren, die den Bluthochdruck begünstigen.

Wesentliche Faktoren, die den hohen Blutdruck beeinflussen: Der bereits erwähnte Streß, die Vererbung, Übergewicht, erhöhter Kochsalzkonsum, übermäßiger Alkoholkonsum, Rauchen, insbesondere Zigarettenrauchen, Bewegungsmangel.

Den Bluthochdruck, die Hypertonie, teilt man entsprechend der Höhe in einzelne Stufen oder Schweregrade (leicht, mittel, ausgeprägt und schwer) ein. Die Grenzen sind fließend.

Die Komplikationen

Der hohe Blutdruck, in den Vorphasen selten bemerkt, verursacht Schäden an sehr lebenswichtigen Organen.
Herz, Gehirn und Nieren leiden besonders, da die blutzuführenden arteriellen Gefäße in diesen Organen besonders stark von der sich im Laufe eines Bluthochdruckes entwickelnden Arteriosklerose betroffen werden.
Hochdruckfolgen am Herzen wären dann

- die Herzschwäche und der gefürchtete Herzinfarkt
- am Gehirn Minderdurchblutung und Schlaganfall
- an der Niere das Nierenversagen.

Dabei entsteht häufig ein Teufelskreis, denn das durch den Hochdruck geschädigte Organ kann seinerseits wiederum den Hochdruck verstärken.

Welcher Blutdruck ist normal?

Der Blutdruck schwankt ständig und ist insbesondere bei älteren Menschen höher als bei jüngeren. Als Richtwerte gelten:

Alter in Jahren	**bis 10**	**10 – 30**	**30 – 40**	**40 – 60**	**über 60**
Blutdruck (mm/Hg)	**90:60**	**110:75**	**125:85**	**140:90**	**150:90**

Wichtig: Bis zum 50. Lebensjahr soll der systolische Blutdruck nicht über 140 mm/Hg sein. Der diastolische Blutdruck soll unabhängig vom Alter nicht über 90 mm/Hg liegen.

Einen zu niedrigen Blutdruck nennt man eine Hypotonie. In grober Orientierung wird diese angenommen, wenn der Blutdruck niedriger als 110 : 60 bei Männern oder 100 : 60 bei Frauen liegt.

Wie kann man den Blutdruck messen?

Weil der Bluthochdruck in der Anfangsphase kaum bemerkt wird, ist eine regelmäßige Blutdruckmessung unerläßlich. Dazu kann man jeden Arztbesuch nutzen.

Es ist aber auch möglich und für risikogefährdete Menschen sogar ratsam, den Blutdruck selbst zu kontrollieren. Dazu stehen moderne elektronische Geräte zur Verfügung, die von jedermann leicht zu bedienen sind.
Auch Apotheken und Drogerien bieten einen solchen Service heute schon an.

Einige Fragen

- Kennen Sie Ihre Blutdruckwerte?
- Wann wurden diese zuletzt gemessen?
- In welchem Bereich befindet sich Ihr Blutdruck? Sind Sie hypoton oder hyperton?
- Was tun Sie, um Ihre Blutdruckwerte zu normalisieren?

Risikofaktor Streß

Streß als krankmachender Risikofaktor besitzt zahlreiche Beziehungen zu anderen bekannten Risikofaktoren wie Übergewicht, Bluthochdruck, erhöhten Blutfetten, erhöhtem Blutzucker, Bewegungsmangel, Zigarettenrauchen, die zu einem vorzeitigen Verschleiß unseres Organismus, insbesondere zur Arteriosklerose führen.
An dieser Stelle auch eine Überlegung zu den Risiko-Lebensweisen generell: Zwischen den einzelnen Risikofaktoren finden sich die verschiedensten Zusammenhänge. Ein ständig gehetzter, angespannter Mensch wird sich mit einiger Wahrscheinlichkeit falsch ernähren. Er raucht möglicherweise. Er führt einen Lebensstil mit permanenter Spannung und ohne Entspannung.

Man muß sich der Gefährdung bewußt werden, denn viele dieser Verhaltensweisen sind ja durchaus alltäglich.

Chronische Spannungszustände führen nicht selten zu schweren organischen Störungen.

Streß macht krank, wenn die Anspannung zu lange andauert, wenn Mißerfolge Angst erzeugen und die Erholung zu kurz kommt.

Das Wichtigste zum Streß

Wir verstehen unter Streß das komplexe Anpassungsprogramm des Menschen an neuartige Situationen, seine Antwort auf alle Reize, die sein persönliches Gleichgewicht stören. Eigentlich also ein ganz normaler Zustand, denn Spannung, Anspannung und Engagement gehören zu unserem Leben. Ohne sie sind große Leistungen undenkbar, genauso wie starke Gefühle. Sind sie vorüber, folgt meist eine wohltuende Entspannung.

Diese Art kurz- und mittelfristiger Belastung, auch als Eustreß bezeichnet, ist ungefährlich. Die Wiederholung derartiger Situationen kann sogar als Trainingseffekt die Widerstandskraft gegenüber psychischen Belastungen erhöhen.

Bedenklich wird es, wenn die Anspannung nicht abklingt, wenn Mißerfolge registriert werden, negative Gefühle vorherrschen oder keine Erholungspausen folgen.

Permanent herrschender Streß, auch als Distreß bezeichnet, kann die Gesundheit gefährden.
Chronische Spannungszustände begünstigen z. B. Sauerstoffmangelerscheinungen in den Geweben – vor allem im Gehirn.

Was geschieht? Was kommt auf mich zu? Erwartungsängste lassen die Streßgefahr hochschnellen.

Wie kann man die Streßsignale erkennen?

Denken Sie einmal zurück an eine Prüfungssituation. Ihnen wird noch in Erinnerung sein, daß Ihr Herz raste, daß Sie weiche Knie hatten oder meinten, einen Kloß im Hals zu haben. Die vermehrte Aktivität einzelner Organsysteme läßt sich auch objektiv registrieren (veränderte Atmung, beschleunigter Pulsschlag, erhöhter Blutdruck, vermehrte Schweißsekretion usw.). Eine erhöhte Ausschüttung des sogenannten „Fluchthormons" Noradrenalin und des „Angriffshormons" Adrenalin läßt sich im Urin nachweisen. Diese und andere technisch-apparative Nachweismethoden sollen uns aber hier nicht weiter interessieren. Uns geht es vor allem um Selbstwahrnehmung und Selbsteinschätzung.

Die nachfolgende Aufstellung verhilft zu einer ersten Orientierung. Demnach begünstigen folgende Verhaltensweisen das Risiko von Streßschäden erheblich:

- Grübeln, Nicht-Abschalten-können
- ständiges Zweifeln
- Überkorrektheit
- Kontrollbedürfnis, das Bedürfnis, immer noch einmal nachzuschauen
- anderen Menschen immer alles recht machen wollen
- schnelles Resignieren, sich zu leicht aufgeben
- alles in sich hineinfressen
- übersteigertes Leistungsstreben
- Betäubung, Genußmittelmißbrauch
- ängstliches In-sich-Hineinhorchen
- Gefühle nicht äußern können; nicht fähig zu sagen, daß man sich schlecht fühlt oder ärgerlich ist.

Alle die hier aufgeführten Risikoverhaltensweisen lassen sich grob zwei typischen Gruppen von Streßgefährdeten zuordnen. Testen Sie, ob Sie dazugehören.

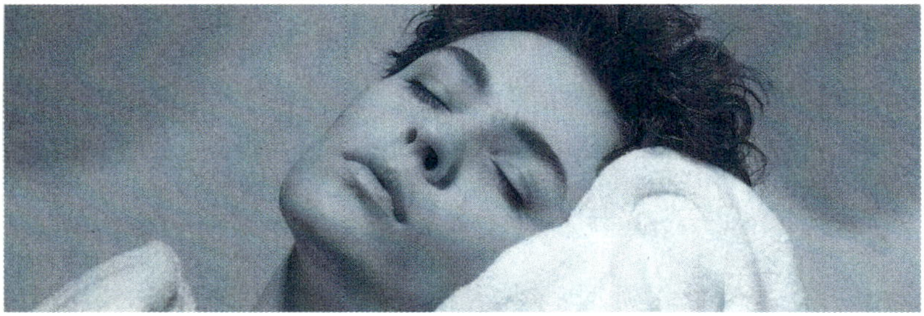

Oft hilft ein wohltemperiertes Bad Streßsymptome aufzulösen oder zumindest in erholsamen Schlaf zu fallen.

LE FIGARO
la Repubblica
Piano antimafia
FINANCIAL TIMES
IDC
An overdose of arguments
DIE WELT
COPIER?
L.6.900
Herald Tribune
Süddeutsche Zeitung
Zustand Schäubles „sehr ernst"
Weitere Operation erforderlich
Geringe Wahlbeteiligung in der früheren DDR
THE TIMES
LE FIGARO
choses vues dans un hôpital roumain
Impôts locaux : la flambée

Zuviel des Guten. Auch die Überflutung mit Informationen und daraus resultierende Entscheidungskonflikte lösen Streßreaktionen aus.

Der Schreck-Flucht-Typ – (Pschycholabilität)
Als psycholabil gilt der schwache Nerventyp, oft auch als Melancholiker bezeichnet. Prüfen Sie anhand der folgenden Fragen, ob Sie eventuell zu diesem Typ neigen.

	trifft gar nicht zu → trifft vollkommen zu					
	0	1	2	3	4	5
• Ich habe das Gefühl, daß ich mich oft mehr als nötig aufrege.						
• Ich bin sehr empfindlich.						
• Manchmal habe ich das Gefühl, daß ich aus der Haut fahren müßte; dann fresse ich den Ärger aber doch in mich hinein.						
• Ich fühle mich häufig körperlich innerlich angespannt und verkrampft.						
• Bei Auseinandersetzungen ziehe ich meist den kürzeren.						
• Durch Kritik bin ich leicht zu verletzen und zu entmutigen.						
• Ich bin mitunter grundlos völlig unkonzentriert und durcheinander.						
• Oft fühle ich mich richtig ausgelaugt und erschlafft.						
• Ich ermüde leicht.						

Wenn Sie diese Fragen überwiegend bejaht haben, müssen Sie mit einer gewissen psychischen Labilität und damit erhöhter Streßanfälligkeit rechnen.

Der Kampftyp – (Typ-A-Verhalten)

Dieses Verhalten kennzeichnet eine weitere Typgruppe, die ein besonders hohes Streßrisiko besitzt. Prüfen Sie anhand des Fragespiegels auf der folgenden Seite, ob Sie eher zu diesem Typ neigen.

Bitte tragen Sie in die Kästchen die Zahl ein, die Ihrer Meinung nach Ihr eigenes Verhalten am ehesten repräsentiert. Man erhält einen hohen Typ-A-Wert, wenn bei den Verhaltensmustern 2,5,7,11,13 und 14 die Zahlen auf der rechten Seite der Skala und bei den Verhaltensmustern 1,3,4,6,8,9,10 und 12 die auf der linken Seite angestrichen werden.

Testen Sie, welcher Streß-Typ Sie sind.

Bei der Auswertung des Fragebogens gibt man sich bei den Positionen 1,3,4,6,8,9,10 und 12 den Wert 10, wenn man die Zahl 5 auf der linken Seite angestrichen hat, den Wert 9 für die Zahl 4 usw. bis zur 0, wenn man die Zahl 5 auf der rechten Seite angestrichen hat. Für die übrigen Positionen (2,5,7,11,13 und 14) wird die Berechnung umgekehrt durchgeführt, d.h., man gibt sich den Wert 0 für die Zahl 5 auf der linken Seite, 1 für Zahl 4 usw. bis zur Zahl 5 auf der rechten Seite, die den Wert 10 erhält.

Man addiert nun alle Zahlenwerte und erhält einen Gesamtwert, der minimal 0 und maximal 140 sein kann. Je höher der Wert, um so ausgeprägter ist das Typ-A-Verhalten. Nimmt man sich die Verhaltensmuster 1 bis 14 einzeln vor, wird deutlich, welche spezifischen Typ-A-Verhaltensweisen man zeigt. Nehmen Sie sich dafür Zeit, und seien Sie ehrlich zu sich selbst. Interessant dürfte es auch sein, seinen Partner, den Kollegen, den Chef unter diesen Gesichtspunkten zu analysieren.

Im Wissen um den Ausprägungsgrad der krankhaften und krankmachenden Hektik und der einzelnen daran beteiligten Verhaltensweisen sollte der erste Schritt darin bestehen, die eigene Einstellung zum Streß und den dazu führenden Bedingungen zu verstehen und möglicherweise zu verändern. Wer seine innere Ruhe findet, kann auch äußeren Belastungen besser standhalten. Ziehen Sie bitte ihre eigene kritische Bilanz.

	5	4	3	2	1	0	1	2	3	4	5
1.	☐	nie zu spät					eher nachlässig mit Terminen				☐
2.	☐	wenig wettbewerbs-orientiert					stark wettbewerbs-orientiert				☐
3.	☐	nimmt vorweg, was andere sagen wollen					guter Zuhörer				☐
4.	☐	immer in Eile					fühlt sich nie gehetzt				☐
5.	☐	kann geduldig warten					ungeduldig beim Warten				☐
6.	☐	strengt sich sehr an					eher lässig				☐
7.	☐	tut eines nach dem anderen					versucht, vieles gleichzeitig zu tun				☐
8.	☐	redet schnell und mit Nachdruck					langsamer, bedächtiger Redner				☐
9.	☐	wünscht sich einen anerkannten, guten Beruf					legt Wert darauf, sich selbst zufriedenzustellen, gleichgültig, was andere denken				☐
10.	☐	schnell (beim Essen, Gehen usw.)					tut alle Dinge langsam				☐
11.	☐	nimmt es leicht					schindet sich				☐
12.	☐	versteckt seine Gefühle					drückt seine Gefühle aus				☐
13.	☐	viele außerberufliche Interessen					wenig Interessen außerhalb des Berufs				☐
14.	☐	zufrieden mit der Arbeit					ehrgeizig				☐

Risikogruppe V: Die Erbanlagen

An dieser Stelle interessiert vor allem, welche Erkrankungen in der Herkunftsfamilie, bei Großeltern, Eltern und den Geschwistern gehäuft auftreten. Dies betrifft unter dem Risikoaspekt besonders das Übergewicht und die Stoffwechselerkrankungen Hypercholesterinämie, Hypertriglyceridämie, Diabetes mellitus sowie Gicht (das sogenannte metabolische Syndrom) sowie den Bluthochdruck, Herzinfarkt und Schlaganfall.

Wer gegen Erkrankungen, die ihre Ursachen in Erbanlagen haben, etwas unternehmen will, kommt sich oft vor, als drehe er sich im Kreis. „Erfolgsaussicht" besteht aber nur, wenn die „Wendeltreppe" nicht vermieden wird.

Ein gesunder, ausreichend langer Schlaf ist oft die beste Voraussetzung, um mit den Anforderungen des Tages fertig zu werden.

Wenn der Körper warnt

Wir haben es gesehen, der Organismus signalisiert uns sehr früh, wenn etwas nicht in Ordnung ist. Oft registrieren wir jedoch diese diskreten Hinweise nicht. Kleine Beschwerden und Störungen des Wohlbefindens können erste Anzeichen dafür sein, daß im Körper etwas nicht stimmt. Eine Erkrankung entsteht meist allmählich. Sie kündigt sich an. Oft schlägt unser Organismus sogar Alarm, aber wir reagieren noch immer nicht – und wundern uns, daß dann scheinbar aus heiterem Himmel, wie ein Blitz, eine Krankheit auftritt.

Dabei können Sie entstehende Störungen und Erkrankungen selbst am besten aufspüren. Sie kennen sich, Ihren Körper, Ihre Vorgeschichte am allerbesten. Sie müssen nur lernen, in sich hineinzuhören, sich zu spüren, sich zu prüfen. Achten Sie auf Ihren Körper, respektieren Sie seine Hinweise. Und nehmen Sie sie ernst.

Körpersignale, die auf bestehende oder beginnende Krankheiten hinweisen können.

Beachten Sie, daß manche Krankheitszeichen nur in Intervallen, in zeitlichen Abständen auftreten, versuchen Sie auch kleinere Abweichungen zu bemerken. Dies alles kann Ihnen helfen, Krankheiten vorzubeugen. Es unterstützt auch Ihren Arzt, wenn Sie selbst sich einen möglichst genauen Überblick über Ihren Gesundheitszustand verschaffen. Die nachfolgende Aufstellung soll Ihnen weitere Signale verdeutlichen.

Körpersignale von A – Z

Appetitmangel

Möglicher Hinweis auf Mangel an B-Vitaminen, aber auch Herzkrankheiten, Magen-, Darm- und Nierenerkrankungen und insbesondere Tumore.

Ausfluß aus der Scheide
Entzündungen oder gar stärkere Veränderungen bei Blutaustritt zu unüblichen Zeiten (zwischen der Regelblutung oder in der Menopause) – möglicher Hinweis auf Krebs.

Bauchschmerzen
Unklare Schmerzen in der Nabelgegend, später im Unterbauch, das Ganze mit Übelkeit, Schüttelfrost und Fieber läßt an eine Blinddarmerkrankung denken.

Blut im Stuhl
Hinweise auf Darmentzündungen, auch Tumoren, Hämorrhoiden, Blutergüsse, Störungen der Blutgerinnung, auch Zeichen für eine Leukämie, aber auch Folge einer Lebererkrankung, einer Erkrankung des Immunsystems, die eigene Blutplättchen zerstört.

Bewegliche dunkle Schleier oder Schatten
sowie plötzliche Lichtreize können eine bevorstehende Netzhautablösung signalisieren.
Sofort den Augenarzt aufsuchen.

Häufiger Durst
Hinweis auf Zuckerkrankheit.

Eingerissene Mundwinkel
gemeinsam mit trockener, blasser Haut und allgemeiner Abgeschlagenheit können durch Eisenmangel verursacht sein.

Fieber
Viele Formen, ganz unterschiedliche Ursachen; anhaltendes Fieber bedarf ärztlicher Untersuchung und dringlicher Abklärung.

Fingernägel
Brechende Fingernägel, sich verändernde Form der Nägel kann Hinweis auf eine organische Erkrankung sein, beispielsweise durch Schilddrüse oder Lunge ausgelöst.
Längsriffelung der Nägel kann auf eine Entzündung der Bauchspeicheldrüse hinweisen.
Querrillen finden sich bei Entzündungen im Körper, etwa der Mandeln, oder bei Mangelerscheinungen.
Dick und gelb werdende Fußnägel können durch eine Pilzinfektion verursacht sein.

Oft weisen ganz bestimmte Körperempfindungen auf beginnende organische Störungen hin.

Gewichtsverlust

Nicht beabsichtigter Gewichtsverlust kann auf Stoffwechselerkrankungen und Krebsleiden hinweisen. Unbedingt zum Arzt gehen.

Haarausfall

Dies nicht überbewerten. Die Haare zählen, die an einem Tag in der Bürste hängen bleiben. Bei mehr als 100 pro Tag Ursache mit Hautarzt oder anderem Facharzt, wie Internisten, klären.

Hautverfärbung

Gelbverfärbung deutet auf Leber- oder Gallenerkrankung hin. Blaurote Haut und Lippen signalisieren Herz- oder Lungenerkrankungen, das Blut erhält nicht genügend Sauerstoff. Bei gelben Schleimhäuten wiederum an Leber und Galle denken.

Hörsturz

mit den Vorboten plötzlicher Taubheit, mit Ohrgeräuschen oder Schwindel: Sofort zum Arzt!

Husten

Wiederkehrender Husten: Durch chronischen Sekretfluß der Nase im Nasen-Rachen-Raum verursacht. Hinweis für Asthma, für Herzerkrankung oder insbesondere Lungenkrebs. Bei längerer Dauer als 2-3 Wochen Arzt konsultieren!

Kopfschmerzen haben oft sehr unterschiedliche Ursachen. Wenn sie länger andauern, sollte man den Arzt aufsuchen.

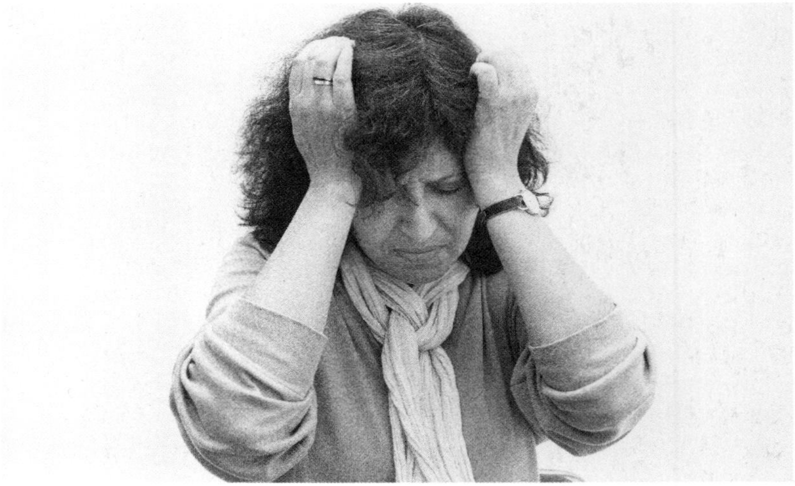

Juckreiz
Anhaltender Juckreiz: Kann beispielsweise bei Zuckerkrankheit auftreten, bei Pilzinfektionen, bei nervösen Störungen, kann aber auch verschiedenste andere innere Ursachen haben. Auch Hinweis auf eine Lymphogranulomathose oder Hodgkinsche Krankheit.

Karies
Zunehmende Karies: Tritt besonders bei manchen Schwangerschaften auf, aber auch bei inneren Erkrankungen. Abklären!

Kopfschmerzen
Über 90 % sind Spannungskopfschmerzen, ein weiterer Teil kommt aus dem Nacken (Wirbelsäule), andere werden durch Störungen von Augen, Ohren, Zähnen usw. ausgelöst; die seltensten werden durch Tumore verursacht.
Anhaltender Kopfschmerz ist abklärungsbedürftig. Zunehmend treten Kopfschmerzen in Abhängigkeit von Mahlzeiten auf. Hier handelt es sich um Lebensmittelallergien, z.B. gegen Käse oder Schokolade. Kopfschmerzen mit Übelkeit und Erbrechen, insbesondere halbseitig, dürften meist eine Migräne sein.

Zunehmend treten Kopfschmerzen im Zusammenhang mit Allergien auf.

Lidzucken
Unwillkürliches Zucken eines Augenlides, aber auch das Fibrillieren anderer kleiner Muskeln deutet auf Magnesiummangel hin.

Morgensteifigkeit
Signalisiert Abnutzungserscheinungen der Gelenke. Im Groben rechnet man so etwas zum rheumatischen Formenkreis. Eine extreme Form der Morgensteifigkeit ist die Bechterewsche Erkrankung.

Mundgeruch
Ursachen können Magen- oder Stoffwechselstörungen wie auch der Diabetes mellitus sein. Unangenehmer Mundgeruch kann aber auch einfach durch schlechte Hygiene entstehen.

Ödeme
Flüssigkeitsansammlungen in den Beinen sind an heißen Tagen fast normal; einseitig an den Füßen auftretend können sie durch eine Lymphgewebsentzündung verursacht sein; beiderseits auch durch Krampfadern. Das läßt sich abklären. Weiter ist an Nieren- und Herz-Kreislauf-Erkrankungen zu denken. Flüssigkeits-

Die Körpersignale können, aber müssen nicht auf eine Krankheit hinweisen. Sie sollten aber immer Anlaß sein, die Ursache zu ergründen.

ansammlungen in den Körpergeweben, im Bauchraum, sind meist durch Lebererkrankungen ausgelöst.

Ohrensausen
Meist quälend bei Gefäßverengung. Kann auch bei hohem Blutdruck auftreten. Nicht selten werden diese Ohrgeräusche durch Verstopfung mit Ohrenschmalz verursacht.

Sprechstörungen
die sich kurzfristig ergeben, können eine zentrale Blutmangelversorgung signalisieren. Oft Vorboten eines Schlaganfalls.

Schwindel
Hier gibt es mehrere hundert Formen, die nicht eindeutig bestimmten Ursachen zugeordnet werden können. Wenn häufig auftretend, ärztlich abklären.

Sodbrennen
Gemeint sind brennende Schmerzen in der Speiseröhre, meist nach dem Essen auftretend, Begleiterkrankung vieler Verdauungsstörungen. Meist durch zuviel Magensäure.
Auch bei Zurückfließen der Magenflüssigkeit in die Speiseröhre kann ein eigentlich untersäuerter Mageninhalt die für den schon mit Säure versetzten Speisebrei nicht eingerichtete Speiseröhre ätzen.

Wadenkrämpfe
in der Ruhe und in der Nacht: Wiederum Hinweis auf Magnesiummangel. Wadenkrämpfe beim Gehen sind meist durch Durchblutungsstörungen ausgelöst.

Zahnfleischbluten
Meist ein Teil einer Paradontose, der Zahnfleischentzündung, verursacht aber auch durch zu intensives Zähnebürsten mit einer harten Zahnbürste. Weiterer Hinweis auf Vitaminmangel.

Zungenbrennen
Hinweis auf Vitamin-B-Mangel-Zustände, scharfe Speisen, Rauchen.

Alle Krankheitszeichen sind vieldeutig. Wenn sie jedoch wiederholt auftreten oder länger anhalten, sollte ein Arzt aufgesucht werden.

Die Krebszeichen

Nach den Symptomen von A – Z noch gezieltere Hinweise zum Krebs: An der Krebsfront befindet sich die Medizin trotz immenser Ausgaben und vielfältigster Bemühungen höchstens in der Phase des Stellungskrieges. Noch weiß man nicht ganz genau, wie der Krebs entsteht, was genau im Krebs abläuft und wie diese Körperstörung zu beheben ist, insbesondere wie ihr wirksam vorzubeugen wäre. Man kennt jedoch die wesentlichsten Risikofaktoren. Das sind:

- Die verschiedensten Gifte in der Wohnung und am Arbeitsplatz, Luftverschmutzung, das Strahlenrisiko

- Erbanlagen als Erkrankungsmöglichkeit zum Krebs befinden sich in allen Menschen, in jedem von uns. Die Disposition, an Krebs zu erkranken, scheint, zumindest für bestimmte Krebsformen, durch Erbanlagen wesentlich unterstützt zu sein

Die wesentlichen Risikofaktoren für den Krebs sind bekannt; sie liegen auch im seelischen Bereich.

- Als ursächlich sieht man auch seelische Störungen, z. B. das ständige Unterdrücken eigener Bedürfnisse und Gefühle, Verlusterlebnisse wie den Tod eines geliebten Menschen oder den Verlust des Arbeitsplatzes. Wichtig ist, daß Zustände der Hilflosigkeit und Ohnmacht auftreten. Bei Krebsrisiko-Persönlichkeiten scheinen manche Tendenzen und Haltungen überdurchschnittlich häufig aufzutreten, so die Leistungsorientierung, die Hilfs- und Opferbereitschaft, das Konfliktvermeiden, das Unvermögen, Gefühle zu artikulieren und Bedürfnisse einzufordern

- Daß natürlich auch das Rauchen, der Alkoholmißbrauch und falsche, überwiegend fettreiche Ernährung und übermäßige Sonneneinwirkung das Krebsrisiko erhöhen, haben wir bereits erwähnt.

Die Krebsheilungschancen sind noch höchst unbefriedigend. Sie wachsen mit der rechtzeitigen Diagnosestellung. Dazu muß ein beunruhigter Patient, der eventuell selbst schon eine Verdachtsdiagnose gestellt hat, zu einem Arzt gehen. Wenn er rechtzeitig kommen soll und will, setzt dies regelmäßige Selbst- und Fremdkontrolle voraus. Deshalb hier die wichtigsten Körpersignale und Selbstuntersuchungstechniken:

Krebszeichen

- Gewichtsverlust ohne erklärbare Ursachen
- Leistungsabfall und Müdigkeit
- Abneigung vor bestimmten Speisen
- Bluterbrechen
- Mehrere Wochen anhaltende Veränderung der Verdauung, zum Beispiel ein Wechsel zwischen Durchfall und Verstopfung, besonders bleistiftartiger Stuhl gilt als Warnsignal, Schleim- oder Blutungsstuhl
- Blut im Urin
- Bluthusten
- Länger anhaltende Schmerzen
- Andauernde Heiserkeit
- Husten länger als 6 Wochen
- Jede neuauftretende Hautveränderung, besonders an sonnenbelichteten Körperstellen, ihr Aussehen verändernde Muttermale, Warzen, Leberflecke
- Trotz Behandlung, nur langsam heilende Geschwüre oder Wunden
- Veränderter Ausfluß aus der Scheide, zwischen den Perioden auftretend, nach dem Geschlechtsverkehr oder nach den Wechseljahren
- Knoten in der Brust, im Hoden, in den Achselbeugen, in den Leisten oder am Hals
- Knochenschmerzen.

Diese Symptome können allerdings auch auf andere Erkrankungen hinweisen. Dies muß ein Arzt beurteilen!

Die Selbstuntersuchung der Brust gehört zu den wichtigsten Maßnahmen, um den gefürchteten Brustkrebs rechtzeitig zu erkennen.

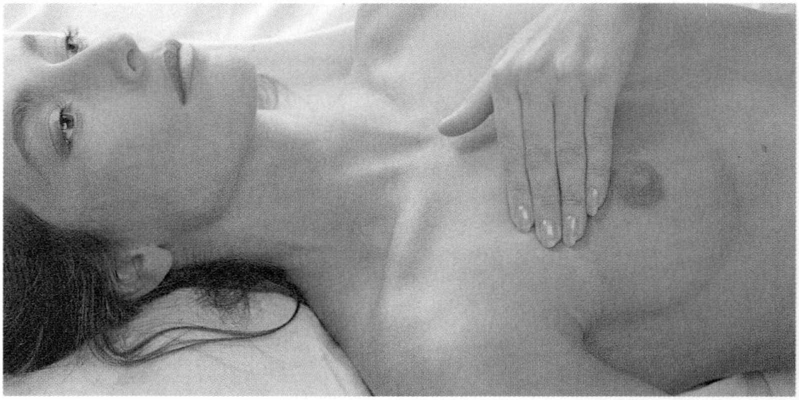

Untersuchungen zur Krebsfrüherkennung durch einen Arzt

Art der Untersuchungen	Zeiten
Frauen und Männer	
Hautuntersuchung	20 – 40 Jahre jedes 3. Jahr; ab 40 Jahre jährlich
Mastdarmuntersuchung mit dem Finger	ab 40 Jahre jährlich
Stuhluntersuchung auf verstecktes Blut	ab 50 Jahre jährlich
Mastdarmspiegelung	ab 50 Jahre jährlich
Nur Frauen	
Untersuchung der Brust (Abtasten auf Knoten)	20 – 40 Jahre jedes 3. Jahr, danach jährlich
Mammographie oder Xeroradiographie (Röntgen auf noch nicht tastbare Knoten)	35 – 40 Jahre einmal ab 40 jedes 3. Jahr ab 50 jedes 2. Jahr, bei Zugehörigkeit zu einer Risikogruppe öfter
Gynäkologische Untersuchung	jährlich, sowie Abstrich und Zelluntersuchung der Gebärmutterschleimhaut bei Schwangerschaft und Anwendung eines neuen Verhütungsmittels
Nur Männer	
Untersuchung äußerer Geschlechtsorgane, insbesondere der Hoden	20 – 40 Jahre 2 mal pro Jahr, über 40 Jahre jährlich
Untersuchung der Vorsteherdrüse (Prostata)	ab 45 Jahre jährlich

Die Besinnung auf sich selbst, das Wieder-eins-Werden mit der Umwelt, die Hinwendung zu den einfachen Dingen des Lebens können mehr Kraft geben, als man manchmal glaubt.

Selbstuntersuchung

Hautkontrolle

Kontrollieren Sie Ihre Haut regelmäßig, das heißt, einmal im Monat, auch vor dem Spiegel. Achten Sie besonders auf sich verändernde Leberflecken, Sommersprossen u. a. auffällige Male. Suchen Sie bei Abweichungen den Arzt auf.

Die Hautkrebswarnsignale

- Farbe: Hautkrebse sind uneinheitlich hell-, dunkel- oder schwarzbraun gefärbt. Nicht selten sind sie auch rot, weiß und blau gesprenkelt.
- Größe: Durchschnittlich etwa 6 mm (bleistiftradiergummigroß). Ein Wachstum sollte alarmieren.
- Asymmetrie: Melanome, die bösartigen Hautkrebse, sind unregelmäßig geformt, die eine Hälfte entspricht nicht der anderen.
- Unregelmäßige Kontur: Verschwommene oder ausgefranste (eingekerbte) Ränder.

Selbstuntersuchung der Brust

Rechtzeitige Früherkennung ist der sicherste Weg, um beginnende Krebserkrankungen erfolgreich behandeln zu können.

Jede Frau ist gefährdet, an Brustkrebs zu erkranken. Früherkennung ist deshalb besonders wichtig. In einem Frühstadium lassen sich die meisten Geschwülste schonend operieren. Selbstverständlich sollten Sie jährlich die kostenlose Vorsorgeuntersuchung wahrnehmen, aber wichtiger ist es, sich mindestens monatlich einmal selbst zu untersuchen.
Warnzeichen sind: Verhärtungen, Knoten, Vorwölbungen, Eindellungen, Schwellungen, Rötungen. Auch Veränderungen in Größe oder Form einer Brust, Veränderungen von Brustwarzen oder Warzenhof, Sekretabsonderung aus einer Brustwarze, vergrößerte Lymphdrüsen, dies besonders in den Achselhöhlen.

Hinweise zur Selbstuntersuchung

Welche ungewöhnlichen Veränderungen fallen Ihnen auf?
Mit erhobenem Arm vor den Spiegel stellen und Form und Oberfläche der Brust und Brustwarzen betrachten. Stellen Sie sich dann mit freiem Oberkörper vor den Spiegel und lassen Sie die

Arme locker hängen. Jetzt legen Sie sich auf eine Unterlage, am besten mit einem Kissen unter den Schultern, schieben Sie den linken Arm unter den Kopf und tasten Sie mit der rechten Hand sehr aufmerksam Zentimeter um Zentimeter Ihr linke innere Brusthälfte ab. Beginnen Sie oben und tasten Sie sich immer tiefer, von der Brustmitte immer zum Brustbein, das sind gedachte Linien. Verschieben Sie dabei auch kreisförmig die Hautoberfläche, achten Sie auf innere Verhärtung. Nun legen Sie den linken Arm seitlich fest an den Körper und untersuchen mit der rechten Hand die äußere Seite der Brust – auch immer in gedachten Linien von oben nach unten. Nun sehr sorgfältig Warzenhof und Brustwarze befühlen. Tasten Sie jetzt in gleicher Weise die andere Brust ab.
Und nun noch zu den Lymphknoten: Stellen Sie sich hin und spreizen Sie einen Arm ab, tasten Sie mit der anderen Hand die Achselhöhle auf Verhärtungen ab, und wechseln Sie noch einmal die Seiten.

Selbstuntersuchung der Hoden

Zunächst zur Beachtung: Bei Kälte ziehen die Muskeln den Hoden näher zum Körper, bei Wärme ist die Hodenhaut schlaffer, deshalb sollte man am besten unter der Dusche untersuchen. Halten Sie mit der rechten Hand den rechten Hoden fest, und tasten Sie ihn mit den Fingern der linken Hand rundherum ab, auch nach oben und unten und zum Körper hin. Nun nehmen Sie mit der linken Hand den linken Hoden und befühlen Sie diesen mit den Fingern der rechten Hand. Wenn Sie Ihren Körper kennen, werden Sie Veränderungen registrieren können.

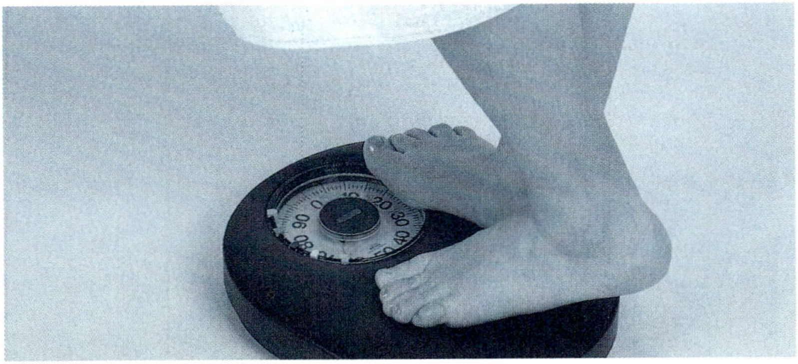

Der regelmäßige „Blick" auf die Waage soll den „Blick" auf das eigene Wohlbefinden unterstützen und nicht ununterbrochener Zwang zur Gewichtsregulierung sein.

Der Gesundheits-Check-up

Wie kann man die Risiken nun erfassen? Wie lassen sich beispielsweise die Blutwerte ermitteln, die man ja nicht selbst einschätzen kann?
Für alle, die älter als 35 Jahre und in Deutschland krankenversichert sind, existiert seit 1989 ein klares Angebot der Krankenkassen: Der Gesundheits-Check-up. Die von Gesundheitspolitikern im Sinne der Vorsorge verstandene und empfohlene regelmäßige Untersuchung ist inzwischen auch im Gesundheitsreformgesetz verankert. Hier geht es um Prävention, um Vorbeugung in einem weiten Sinne. Die Krankenkassen zahlen dem Versicherten die Untersuchung in der Hoffnung, daß nach dem so ermittelten Gesundheitsquerschnitt der Patient selbst aktiv wird.

Der Gesundheits-Check-up soll zu eigener Aktivität anregen.

Der untersuchende Arzt als Experte für Gesundheit hat die angemessenen Maßnahmen außermedizinischer Art zu empfehlen (z.B. Einstellung des Rauchens, Minderung des Alkoholkonsums, sportliche Konditionierung, Ernährungsumstellung, Erlernen einer Entspannung). Der Patient muß diese jedoch in die richtigen Bahnen leiten und durchführen. Der Check-up ist der erste Teil einer Vorsorgemaßnahme, die, ärztlich begleitet, vom Patienten als dem Betroffenen entscheidend geformt und gestaltet werden muß.

Der Rechtsanspruch

Nach dem geltenden Recht im Sozialgesetzbuch V haben Versicherte mit dem Ende des 35. Lebensjahres jedes zweite Jahr Anspruch auf eine gesetzliche Gesundheitsuntersuchung zur Früherkennung von Krankheiten, insbesondere zur Früherkennung von Herz-, Kreislauf-, Nieren- und Stoffwechselkrankheiten (Zucker). Höchstens einmal jährlich kann eine Untersuchung zur Früherkennung von Krebserkrankungen beansprucht werden. Bei Frauen gilt dies vom Beginn des 20. Lebensjahres, bei Männern frühestens ab dem 45. Lebensjahr. Diese Untersuchungen sollen jeweils die für die jeweilige Krankheit wesentlichen Risikofaktoren einbeziehen. Deshalb besteht der besonders von Fachärzten für Allgemeinmedizin oder Internisten durchzuführende Gesundheits-Check-up aus folgenden Teilen:

Der Gesundheits-Check-up verläuft in sechs Stufen. Besonders wichtig ist die ausführliche Beratung mit dem Arzt des Vertrauens.

1. Anamnese: Beim Erheben der Krankheitsvorgeschichte geht es um Kenntnisse aus der Vorgeschichte, um familiäre Risikosituationen, d.h. darum, welche Krankheiten familiär gehäuft auftreten und um die Sozialanamnese

2. Die klinische Untersuchung ist als Ganzkörperuntersuchung durchzuführen

3. Laboruntersuchungen: Blutuntersuchungen mit der Ermittlung von Gesamtcholesterin, Glukose, Harnsäure, Kreatinin; Urinuntersuchung mit der Feststellung von Eiweiß, Glukose, Erythrozyten, Leukozyten, Nitrit

4. Registrieren des Ruhe-EKG

5. Beratung: Nach den durchgeführten klinischen und paraklinischen Untersuchungen ist der Arzt verpflichtet, den Versicherten über die Ergebnisse zu informieren und mit ihm die Auswirkungen zu besprechen. Letzteres soll vorrangig unter dem Gesichtspunkt des individuellen Risikoprofils geschehen. Hierbei sind Versicherte ebenfalls auf die regelmäßige Krebsfrüherkennungsuntersuchung hinzuweisen, wie auch auf die jenseits des 40. Lebensjahres jedes zweite Jahr durchzuführende Bestimmung des Augeninnendruckes.

6. Falls bei den Untersuchungen der Verdacht einer Erkrankung auftritt, ist dieser weiter zu verfolgen und diese Erkrankung gegebenenfalls zu behandeln.

Die eigenen Schritte

Nachfolgend soll der Weg für Interessenten bzw. potentielle Patienten noch einmal verdeutlicht werden:

- Als Mitglied einer gesetzlichen Krankenkasse bekommt man auf Anforderung den Berechtigungsschein für die Gesundheitsuntersuchung zugesandt.

Ärztliche Untersuchung und Beratung sollten von beiderseitigem Vertrauen bestimmt werden.

- Dieser Schein ist dem behandelnden Arzt zu übergeben. Gemäß den Richtlinien sollte die Gesundheitsvorsorgeuntersuchung von Ärzten durchgeführt werden, die dazu berechtigt bzw. befähigt sind. Es handelt sich zweckmäßigerweise um Allgemeinmediziner oder Internisten. Man geht am besten zu seinem Hausarzt. Dieser ist am besten über mich und meine Gesundheitssituation informiert. Die zu erhebenden Befunde würden das Gesamtbild ergänzen. Da oft auch Familienangehörige in der Betreuung bei ihm sind, können auch erbliche Belastungen leichter erkannt werden.
- Der Arzt ist verpflichtet, nach der Untersuchung dies ausführlich zu dokumentieren. Dazu existiert ein Vordruck. Festzuhalten sind aber auch die Diagnosen und die veranlaßten Maßnahmen.

Noch einige Anhaltspunkte

Wir wiesen bereits darauf hin: Die Risikofaktoren werden auch durch Meßwerte charakterisiert, die anzeigen können, daß eine Krankheitsbedingung vorliegt. In die folgende Tabelle möge daher jeder seine persönlichen Werte eintragen und mit einer Norm vergleichen:

Risikofaktor	Norm	persönl. Wert
Nikotin	keine statistische Norm, sondern: keine Zigaretten, möglichst selten Zigarren oder Pfeife	
Alkohol	keine statistische Norm, sondern: Alkohol nicht täglich. Nicht mehr als 4-5 Gläser Bier oder 3 kleine Weinbrand oder 3 Gläser Wein zu einem Anlaß trinken	
Gewicht	siehe Normtabelle S. 27	
Blutfett	nicht mehr als 200mg/100ml (Cholesterin) als oberer Grenzwert LDL-Cholesterin nicht über 150mg/100ml; HDL-Cholesterin möglichst über 50mg/100ml	
Blutzucker	70 – 100mg/100 ml	
Harnsäure	Männer: 3,4 – 6,4mg/100 ml Frauen: 2,6 – 5,6mg/100 ml	
Bewegung	keine statistische Norm, sondern: täglich 10.000 Schritte tun	
Blutdruck	max. 145/95 mm Hg	
Puls in Ruhe	60 – 80 Herzschläge/Minute	
Streß	Mittlere Belastung	
Erbanlagen	Krankheiten, die in der Herkunftsfamilie auftreten, besonders Übergewicht, Stoffwechselerkrankungen, hoher Blutdruck, Herzinfarkt, Schlaganfall	

Die mehrdimensionale Diagnose

Wenn Sie, in mehreren Etappen lesend, sich selbst überprüfend und auch einen Arzt zu Rate ziehend, an dieser Stelle angelangt sein sollten, dann wird mit sehr großer Wahrscheinlichkeit eine Diagnose herausgekommen sein, ja, meist mehrere Diagnosen. Sie hörten, da sei irgend etwas mit dem Magen nicht in Ordnung, daß vielleicht Gallensteine vorliegen oder das Gewicht reduziert werden müsse. Solche Hinweise reichen uns nicht aus. Auch Sie sollten sich damit nicht zufrieden geben. Schon in den 70er Jahren wurde von der WHO empfohlen, bei sogenannten psychosozialen Erkrankungen mindestens in vier Säulen zu denken. Das sind:

- Symptomatik, d.h. genaue Krankheitsbezeichnung
- Erfassung der Persönlichkeit des Patienten
- Psychsoziale Konstellation, z. B. Konflikte, die das Entstehen der Krankheit begünstigen oder die Heilung erschweren
- Somatische Dispositionen, d.h. körperliche Krankheitsbegünstigungen.

Nervliche und soziale Einflüsse

Es reicht nicht aus, die Symptome zu erfassen. Auch das psychische und soziale Umfeld sollten berücksichtigt werden.

Was war mit psychosozialen Erkrankungen gemeint? Es handelt sich um Erkrankungen, bei denen nervliche und soziale Faktoren wesentlich beteiligt sind. Nervliche und soziale Einflüsse sind zweifellos bei manchen Erkrankungen wesentlicher als bei anderen. Wo jedoch gibt es diese Einflüsse wirklich nicht? Wir bemühen uns deshalb in unserer Klinik, den WHO-Empfehlungen folgend, unsere Patienten umfassend zu betrachten und zu erforschen. Daraus ergibt sich notwendigerweise ein komplexes Therapieprogramm, einschließlich der Hilfen für die Selbsthilfe. Aber auch die komplexe mehrdimensionale Diagnose stellt uns nicht zufrieden. Was ist darüber hinaus möglich?

Hier ist doch nur Krankhaftes registriert, wenn auch in Zusammenhängen gesehen. Es kommt uns jetzt darauf an, eine positive Diagnose zu erstellen. Es gilt, die Stärken des betreffenden Menschen zu erfassen. Wo lag seine bisherige Lebensbewährung? Auf welchen Wegen, mit welchen Methoden ist er früher aus manchem Tal herausgekommen? Welche Hilfen können durch Partner, in der Familie mobilisiert werden usw.?

Der große amerikanische Psychiater Karl Menninger empfiehlt in seinem Buch „Das Leben als Balance", besonders bei Erkrankungen, an denen Psychisches wesentlich beteiligt ist, vor allem auch im Sinne der positiven Diagnose, Ausschau nach Dingen zu halten wie

Die positive Diagnose ist gut geeignet, die Selbstheilungskräfte zu wecken und den Kranken anzuregen, eigene Aktivitäten zu entwickeln.

- einer gewissen Unbefangenheit im Umgang mit Menschen
- der Fähigkeit, realistische Ziele zu verfolgen
- der Erfüllung biologischer Bedürfnisse, hiermit ist auch gemeint, Kinder zu gebären und aufzuziehen
- dem befriedigenden Gefühl menschlicher Nähe
- dem Verständnis für die Bedürfnisse anderer
- dem Gefühl der Vollwertigkeit in sozialen Rollen einschließlich der sexuellen
- einem optimalen Gleichgewicht zwischen Unabhängigkeit/Abhängigkeit/Festigkeit/ und Elastizitätsbedürfnissen
- der Fähigkeit, schöpferische Anlagen zu nutzen
- der Fähigkeit, Entbehrungen und individuelle Unterschiede zu akzeptieren
- der zurückhaltenden Umgangsweise mit Aggressionen
- der Identifizierung mit moralischen Werten
- der Fähigkeit zur Anpassung an Belastungen und Streß
- der gesunden Bejahung des eigenen Selbst

Weiter sollte man sich kümmern um Kräfte, die an einer Re-Integration und Genesung arbeiten. Bei den Kräften, die auf seiten der Gesundheit arbeiten, sind Fragen zu stellen, wie die folgenden:

- Wieweit motiviert das Leiden des Patienten sein Suchen nach einem günstigen Kompromiß?
- Wie schmerzlich empfindet er den Verlust von Beziehungen?
- Wie gut ist sein intellektuelles Potential?

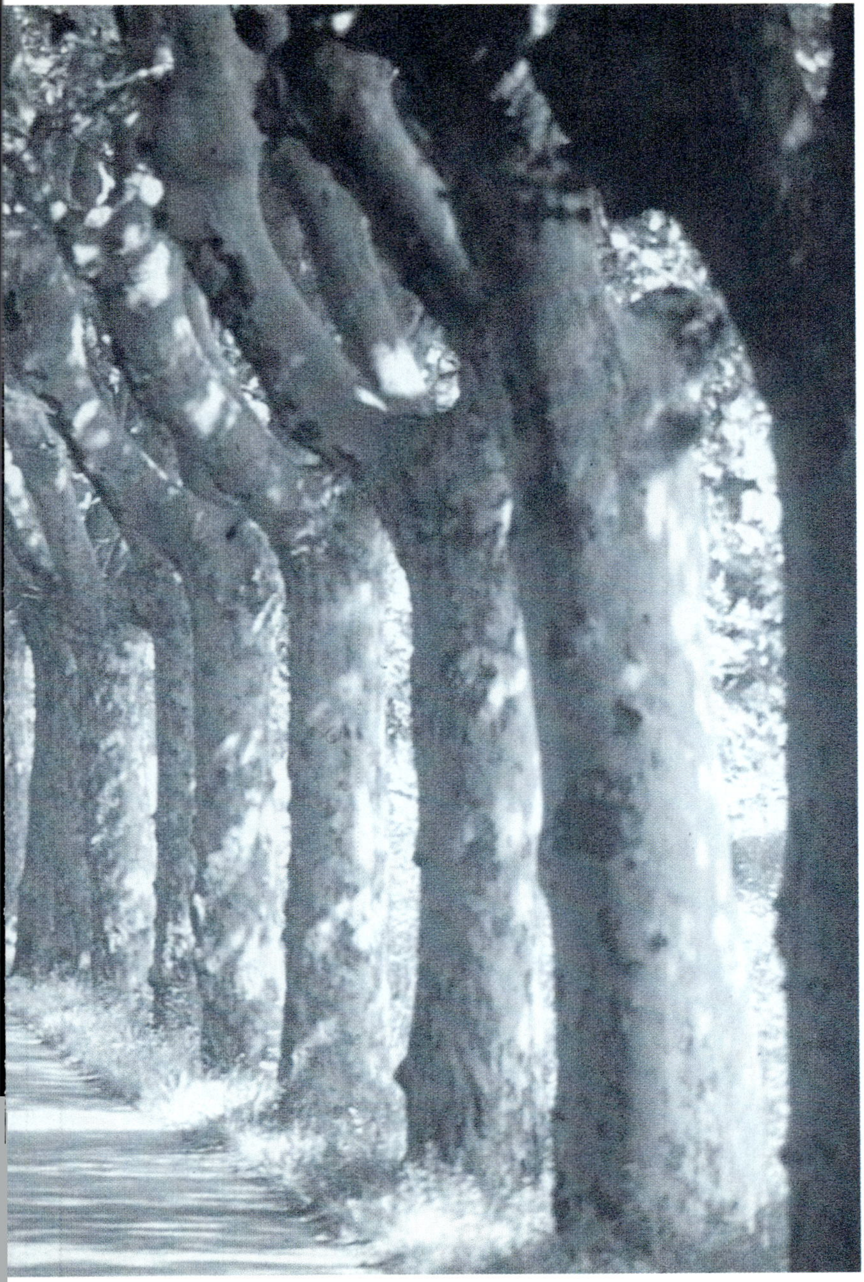

Entspannung und Kraft schöpfen, Wege aus innerer Unruhe und Anspannung, Erholung von krankmachendem Streß gelingt vielen Menschen in der Natur am besten.

- Wie zugänglich ist er für Lernprozesse, für Ratschläge?
- Besitzt er latente Fähigkeiten zu einer guten Freizeitbeschäftigung, und wie nutzt er diese und mit welchen Motiven?
- Ist die Weltsicht des Patienten eher optimistisch, positiv oder eher negativ?

Nun direkt zu Ihnen: Wie lassen sich die vorliegenden Störungen, die eventuell vorhandenen Erkrankungen in einer mehrdimensionalen Diagnose zusammenfassen? Wären da nicht eigentlich mehrere Diagnosen erforderlich? Wie könnte eine positive Diagnose aussehen?

Hierzu einige Detailfragen:

- Wie gehen Sie mit Ihren Schwachstellen um?
- Wie nutzen Sie Ihre Stärken?
- Wie oft gehen Sie in die Knie?
- Wie schnell stehen Sie wieder auf?
- Wer hilft Ihnen dabei?
- Nutzen Sie erreichbare Hilfen oder schlagen Sie diese aus?
- Wie verhalten Sie sich generell in einer Krankheit?
- Wichtiger noch: Wie gehen Sie mit der Gesundheit um?

Konsequenzen

Fassen wir nun noch einmal zusammen: Jede der häufigsten Erkrankungs- bzw. Todesursachen, die uns bedrohen, wird maßgeblich durch eine Reihe von Risikofaktoren beeinflußt, über deren Größe wir durch unser Verhalten und unsere Fähigkeit, die Warnsignale des Körpers rechtzeitig und richtig zu erkennen, maßgeblich mitentscheiden können. So läßt sich mit Fug und Recht sagen, daß die größte Reserve, die Sie, liebe Leserin, lieber Leser, die wir alle für die Erhaltung und Verbesserung der Gesundheit haben, in dem liegt, was Sie selber für sich tun oder unterlassen. Ihre ganz persönliche Entscheidung im Hinblick auf die Alltagsdrogen, Ernährung, Bewegung, Streß usw. ist mindestens genau so wichtig wie alle Fortschritte in der ärztlichen Kunst und Wissenschaft. Bitte bedenken Sie das und handeln Sie in Ihrem eigenen Interesse.

Register

Literatur

Backhaus, Manfred: Gesund im Streß. Rastatt 1988
Beer, Ulrich: Ich bin mein eigener Arzt. So helfe ich mir bei Lebenskrisen, Krankheiten und Störungen des Wohlbefindens. Stuttgart 1990
Jäger, Gerhard: Testbuch Gesundheit. So erkenne ich meine Gesundheit - meine persönlichen Risiken. So stelle ich sie ab. Wann es Zeit ist, zum Arzt zu gehen. 433 Fragen und Antworten. München 1992
Könsgen, Christa: Risiko Cholesterin. Mit über 100 Tabellen und Rezepten. Wiesbaden 1990
Kursbuch Gesundheit. Beschwerden und Symptome. Krankheiten. Untersuchung und Behandlung. Selbsthilfe. Mit 300 Illustrationen. Köln 1990
Schnitzer, Johann G.: Risikofaktor Bluthochdruck. Praktischer Ratgeber. München 1987

Adressen

Wenn Ihnen dieses Buch gefallen hat und Sie mehr über das Thema wissen möchten, schreiben Sie uns bitte. Unsere Adresse: Südwest Verlag, Redaktionsleitung „Gesund im Alltag", Goethestraße 43, 8000 München 2. Wir leiten Ihren Brief vertrauensvoll an den Autor weiter. Beachten Sie auch unseren Leserservice. Er besteht aus anerkannten Fachleuten. Dort werden Ihre Fragen ganz persönlich beantwortet.

Hinweis

Das vorliegende Buch ist sorgfältig erarbeitet worden. Es wurde darüber hinaus von einem unabhängigen Arzt begutachtet und inhaltlich in Ordnung befunden. Dennoch erfolgen alle Angaben ohne Gewähr. Weder Autor noch Verlag können für eventuelle Nachteile oder Schäden, die aus den im Buch gemachten praktischen Hinweisen resultieren, eine Haftung übernehmen.

Bildnachweis

Bavaria Bildagentur: U4/oben (Markow),3 (Geiges), 22/23 (McLoughlin), 41, 46, 49 (Volk), 50/51, 69; Foto Anger: 8, 14, 19, 60; G.P.A.: 2 (Mahrholz), 30, 64; IFA-Bilderteam: 3 (Comnet), 28, 38 (Diaf), 72 (Weststock); Image Bank: U1/groß (Douc), U4/unten (Farber), 5 (Farber), 9 (Gordon), 11 (Sion), 76/77 (Frey); Look: 1(Seer), 26; Paxmann: U1/klein, U4/klein, 2, 66/67; Rehm: 33, 48, 59; Tony Stone: 56/57 (Harvey); Zeidler: 55

Impressum

Redaktionsleitung: Josef K. Pöllath
Umschlaggestaltung und Layout: Christine Paxmann, München
DTP/Satz: Tabularasa, München
Druck: Karl Wenschow GmbH, München
Bindung: Conzella, Pfarrkirchen

Gedruckt auf chlor- und säurefreiem Papier

ISNM 3-517-01357-9